故宫博物院藏德化窑瓷器 下

故宫博物院 编

故宫出版社

Dehua Wares Collected by the Palace Museum II

Compiled by the Palace Museum

The Forbidden City Publishing House

白釉带座钵式灯

明至清

通高 12.5 厘米

灯：高 8.3 厘米　口径 10.2 厘米　足径 5.8 厘米

座：高 5.2 厘米　口径 7 厘米　足径 9.7 厘米

1957 年入藏

灯分体式。灯碗钵形，敛口，弧腹，圈足，里心有一中空立柱，立柱根部开一孔，以穿灯捻。灯座子母口，上承灯碗，短颈，弧壁，壁上开窗式镂空，足部外撇。通体施白釉，釉质滋润，釉色纯正。

油灯是古代人民日常生活使用的照明用具，明清德化窑多有生产。此器分灯和灯座两部分，完整展现了德化窑白瓷灯类产品的面貌。

Blanc-de-Chine alms-bowl-shaped lamp with base
From Ming Dynasty to Qing Dynasty, Overall height 12.5cm
Lamp: height 8.3cm mouth diameter 10.2cm foot diameter 5.8cm, Base: height 5.2cm mouth diameter 7cm foot diameter 9.7cm, Collected in 1957

145 | 白釉划花缠枝花卉纹带座钵式灯

明至清

通高 13.5 厘米

灯：高 9.2 厘米　口径 14.5 厘米　足径 6.7 厘米

座：高 5.5 厘米　口径 9.2 厘米　足径 11.5 厘米

1958 年入藏

灯分体式。灯碗钵形，撇口，弧腹，圈足。里心有一中空立柱，立柱根部开一孔，以穿灯捻，底心有五个支钉痕。灯座唇口，上承灯碗，深腹，壁开花窗式镂空，出台式高足。通体施白釉，釉质温润，釉色洁白。外壁刻划花装饰，灯碗肩部及灯座上部均剔刻波折纹花边，灯碗腹外壁浅划缠枝花卉纹。

336

Blanc-de-Chine alms-bowl-shaped lamp with base and incised design of interlocking flowers
From Ming Dynasty to Qing Dynasty, Overall height 13.5cm
Lamp: height 9.2cm　mouth diameter 14.5cm　foot diameter 6.7cm Base: height 5.5cm　mouth diameter 9.2cm　foot diameter 11.5cm, Collected in 1958

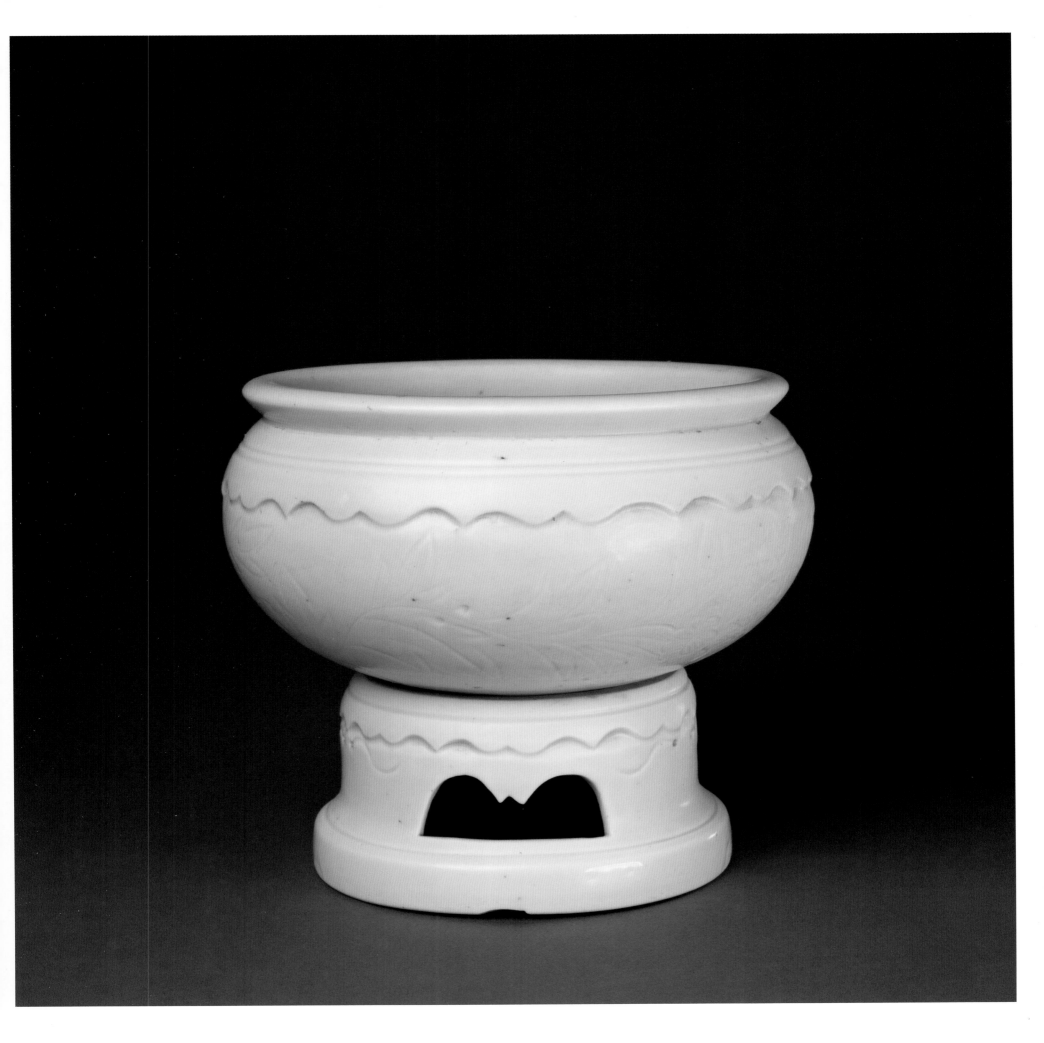

146 | 白釉钵式灯

明至清

高 8.2 厘米　口径 10.2 厘米　足径 5 厘米

1958 年入藏

灯碗钵形，敛口，弧腹，圈足，里心有三个支钉痕，中心出一中空立柱，立柱根部开一孔，以穿灯捻，附原配木制灯芯顶帽。通体施白釉，底无釉，釉质滋润如凝脂，釉色纯正。

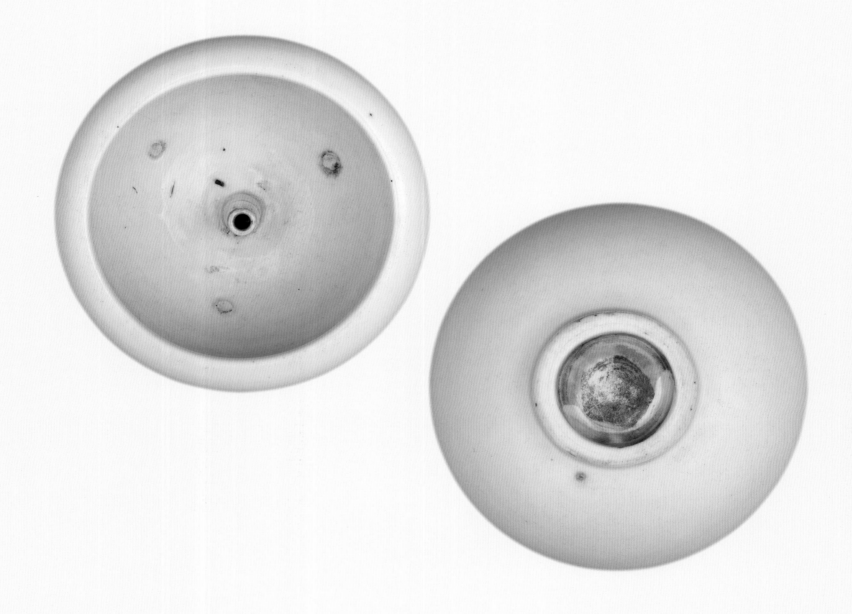

Blanc-de-Chine alms-bowl-shaped lamp
From Ming Dynasty to Qing Dynasty, Height 8.2cm　mouth diameter 10.2cm　foot diameter 5cm, Collected in 1958

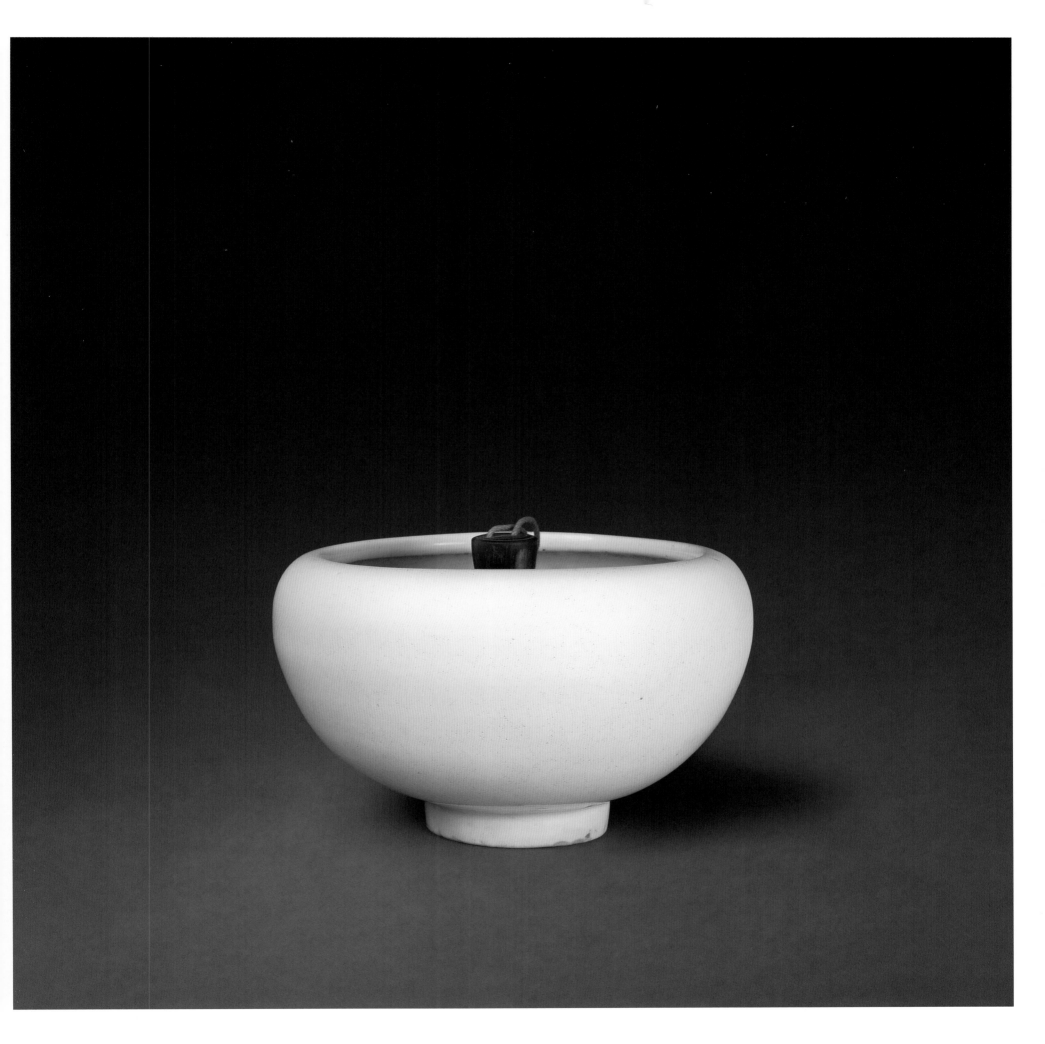

白釉灯

明至清

高 7.7 厘米　口径 14 厘米　足径 6 厘米

1958 年入藏

灯碗撇口，束颈，弧腹，圈足，里心有三个支钉痕，中心出三个连体的中空立柱，立柱根部开孔，以穿灯捻。通体施白釉，底无釉，墨书"光合"二字。

Blanc-de-Chine lamp
From Ming Dynasty to Qing Dynasty, Height 7.7cm　mouth diameter 14cm　foot diameter 6cm, Collected in 1958

148 白釉镂空灯座

明至清
高 7.3 厘米　口径 6.7 厘米　足径 8 厘米
清宫旧藏

灯座敞口，短颈，溜肩，敛腹，高圈足外撇。通体施白釉，釉色白中泛青。壁开三组花窗式镂空。

此器原为清代皇家宫苑承德避暑山庄或盛京皇宫内的照明用器。

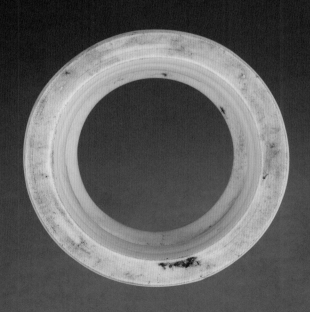

Blanc-de-Chine base for lamp in openwork
From Ming Dynasty to Qing Dynasty, Height 7.3cm　mouth diameter 6.7cm　foot diameter 8cm, Collection of the Imperial Court of Qing Dynasty

149 白釉塑贴蟠螭纹执壶

明

通高 17 厘米　口径 4 厘米　足径 6.8 厘米

清宫旧藏

壶身圆筒式，子母口，盖面微拱，堆塑团螭抓钮，内凹式圈足。通体施象牙白釉。壶身相对两侧各塑贴一蟠螭，一侧蟠螭昂首张口为流，四足贴于壶身作飞跃状，另一侧蟠螭俯首翘尾为柄。身中部饰凸起结带纹一周。

此类巧妙利用塑贴蟠螭作为盖钮、流及执柄的白釉执壶是明清德化窑白瓷造型艺术的突出代表。此壶所贵之处在于其为流传有序的清宫旧藏器，原藏清代皇家宫苑承德避暑山庄内，相同造型的旧藏德化窑白釉执壶台北故宫博物院亦有收藏。

Blanc-de-Chine pot with handle at the side and appliqué of interlaced-hydras
Ming Dynasty, Overall height 17cm mouth diameter 4cm foot diameter 6.8cm, Collection of the Imperial Court of Qing Dynasty

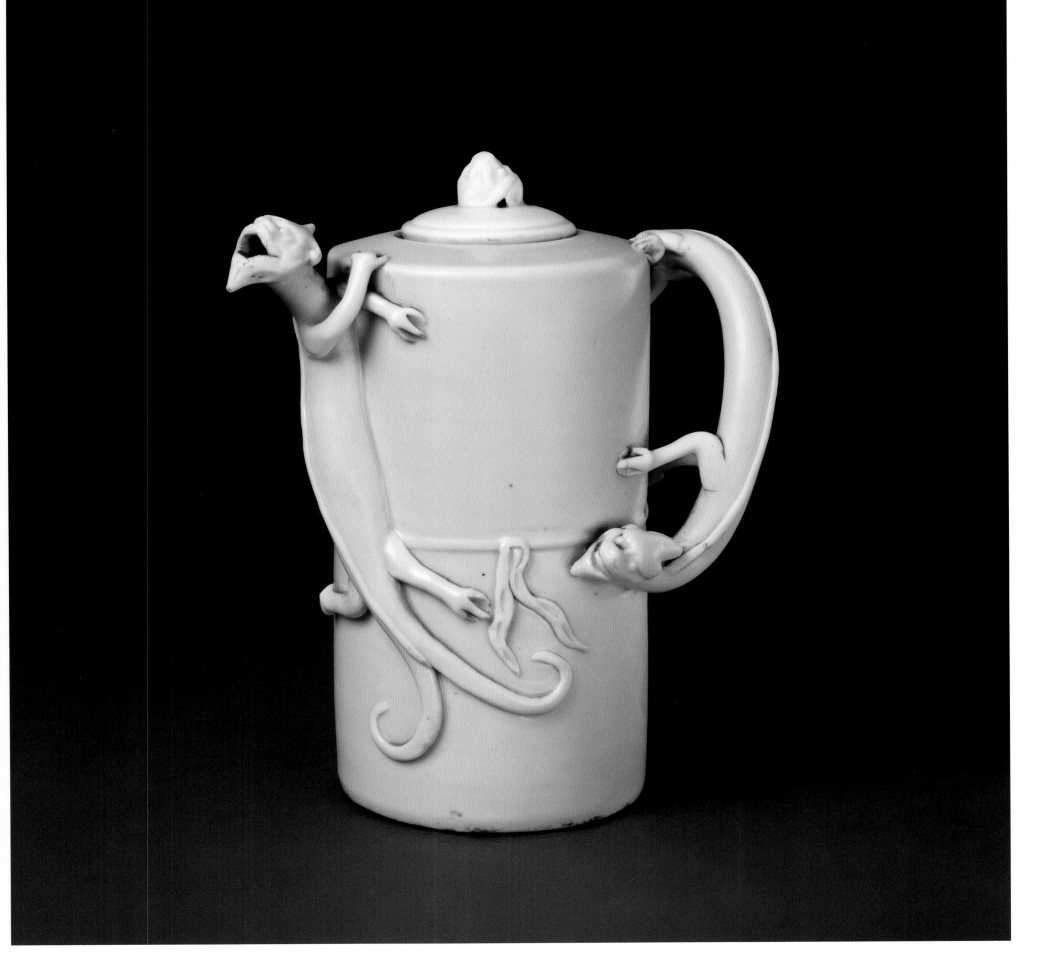

150 白釉塑贴蟠螭纹执壶

明

通高16厘米　口径5.4厘米　足径9.4厘米

1957年入藏

壶身圆筒式，子母口，平顶盖带团螭抓钮，内凹式圈足。通体施象牙白釉。壶身相对两侧各塑贴一蟠螭，一侧螭昂首张口为流，四足贴于壶身作飞跃状，另一侧蟠螭尾上头下，俯首翘尾作执柄。

此壶盖钮、流及执柄均以姿态不一的螭龙组成，形态生动，与壶身结合巧妙，突出体现了明清德化窑高超的造型艺术水平。

Blanc-de-Chine pot with handle at the side and appliqué of interlaced-hydras
Ming Dynasty, Overall height 16cm mouth diameter 5.4cm foot diameter 9.4cm, Collected in 1957

白釉刻诗句纹执壶

明
通高 15 厘米　口径 7 厘米　足径 6.5 厘米
清宫旧藏

壶方唇口，上承拱形宝珠钮盖，短颈，腹扁圆形，一侧出曲流，另一侧置曲柄，高圈足外撇。通体施白釉，釉色白中微泛牙黄色。壶腹两侧均饰凸棱圆形开光，开光中心有凸起圆面，一面釉下刻草书"一片冰心在玉壶"七言诗句。

此壶为宫中御用茶器，造型规整，所刻诗句摘自唐代诗人王昌龄《芙蓉楼送辛渐》一诗，意境清雅。

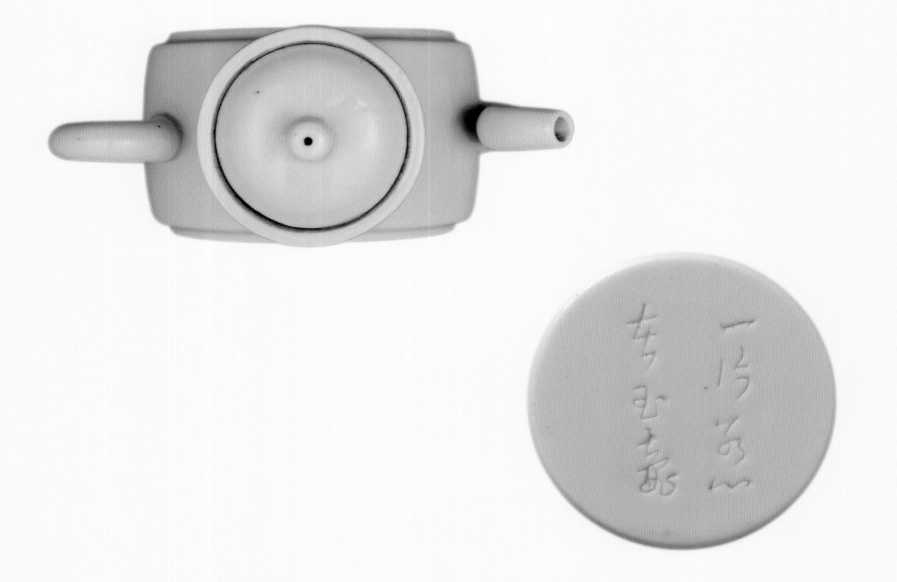

Blanc-de-Chine pot with handle at the side and incised poetry design
Ming Dynasty, Overall height 15cm　mouth diameter 7cm　foot diameter 6.5cm, Collection of the Imperial Court of Qing Dynasty

白釉执壶

明至清

通高 14.3 厘米　口径 6 厘米　足径 6.5 厘米

1959 年入藏

壶方唇口，上承堆塑山形钮盖，短颈，扁圆腹，一侧出曲流，另一侧置曲柄，高圈足外撇。通体施白釉，釉色白中泛青。腹两侧均饰凸棱圆形开光，开光中心有凸起圆面。

此类器腹扁圆形的执壶是明清德化窑常见壶式之一，一般在壶腹开光内凸起圆面处刻有诗文装饰。此壶通体光素，无诗文装饰，壶体造型美感突出。器身施釉薄，釉色泛青，制作时代应晚于清宫旧藏刻诗句纹执壶（图 151）。

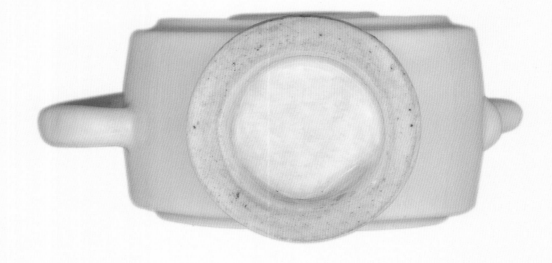

Blanc-de-Chine pot with handle at the side
From Ming Dynasty to Qing Dynasty, Overall height 14.3cm　mouth diameter 6cm　foot diameter 6.5cm, Collected in 1959

153 | 白釉执壶

明至清

通高 10.6 厘米　口径 3.3 厘米　足径 4 厘米

1961 年入藏

壶敞口，溜肩，圆弧腹，内凹式圈足。附弧顶宝珠钮盖。外腹一侧出曲流，一侧置曲柄。里外施白釉，釉质莹润，釉色乳白。底无釉，胎质细腻油润。

Blanc-de-Chine pot with handle at the side
From Ming Dynasty to Qing Dynasty, Overall height 10.6cm　mouth diameter 3.3cm　foot diameter 4cm, Collected in 1961

154 | 白釉塑贴梅花纹执壶

明至清

通高 9.7 厘米　口径 6 厘米　足径 7 厘米

1965 年入藏

壶子母口，拱形盖扣合于上，盖面塑贴梅花纹并堆塑梅枝为钮。壶身阔颈，扁圆腹，圈足。通体施乳白色釉。腹部一侧塑一倒置兽面嘴含棱形曲流，另一侧雕梅树枝干为柄，柄下腹壁塑贴梅花纹。

执壶是明清德化窑传统产品之一，器形多样。此壶塑兽面嘴含曲流，以梅树枝干为盖钮及柄，盛开的朵朵梅花贴于壶腹及壶盖，造型新颖，设计巧妙。

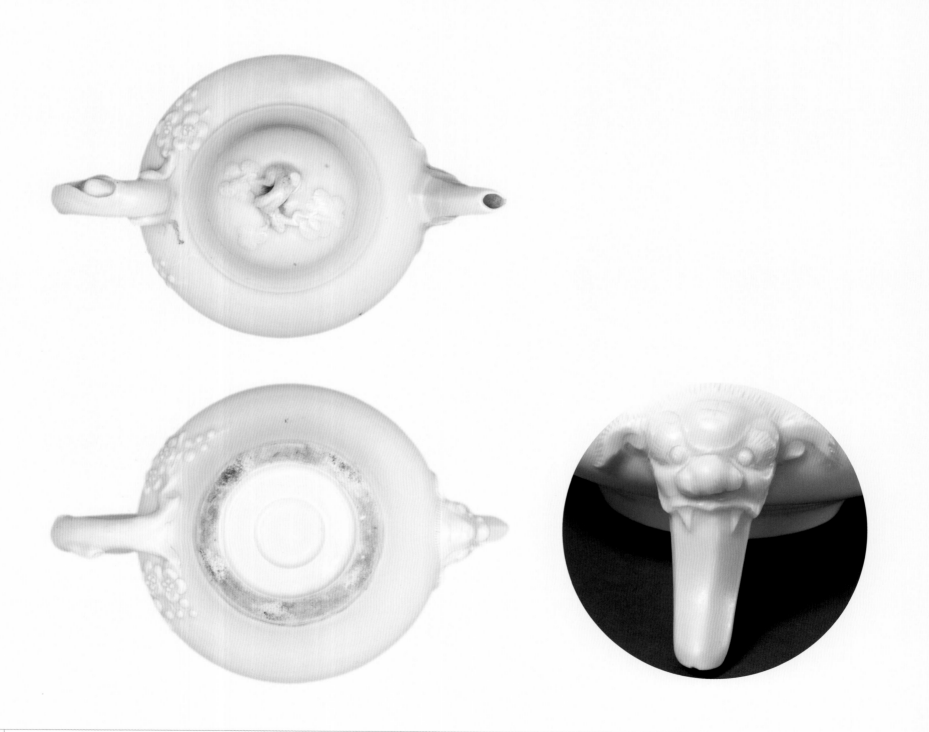

Blanc-de-Chine pot with handle at the side and appliqué of plum flowers
From Ming Dynasty to Qing Dynasty, Overall height 9.7cm　mouth diameter 6cm　foot diameter 7cm, Collected in 1965

155 | 白釉刻弦纹执壶

明至清

通高 13 厘米　口径 6.6 厘米　足径 7.5 厘米

1958 年入藏

壶子母口，阔颈，溜肩，长弧腹，高圈足外撇。盖平顶带宝珠钮。腹壁一侧出曲流，另一侧置执柄。里外施白釉，底满釉。釉质滋润，釉色洁白。外壁颈肩相接处浅刻双弦纹一周。

Blanc-de-Chine pot with handle at the side and incised design of strings
From Ming Dynasty to Qing Dynasty, Overall height 13cm mouth diameter 6.6cm foot diameter 7.5cm, Collected in 1958

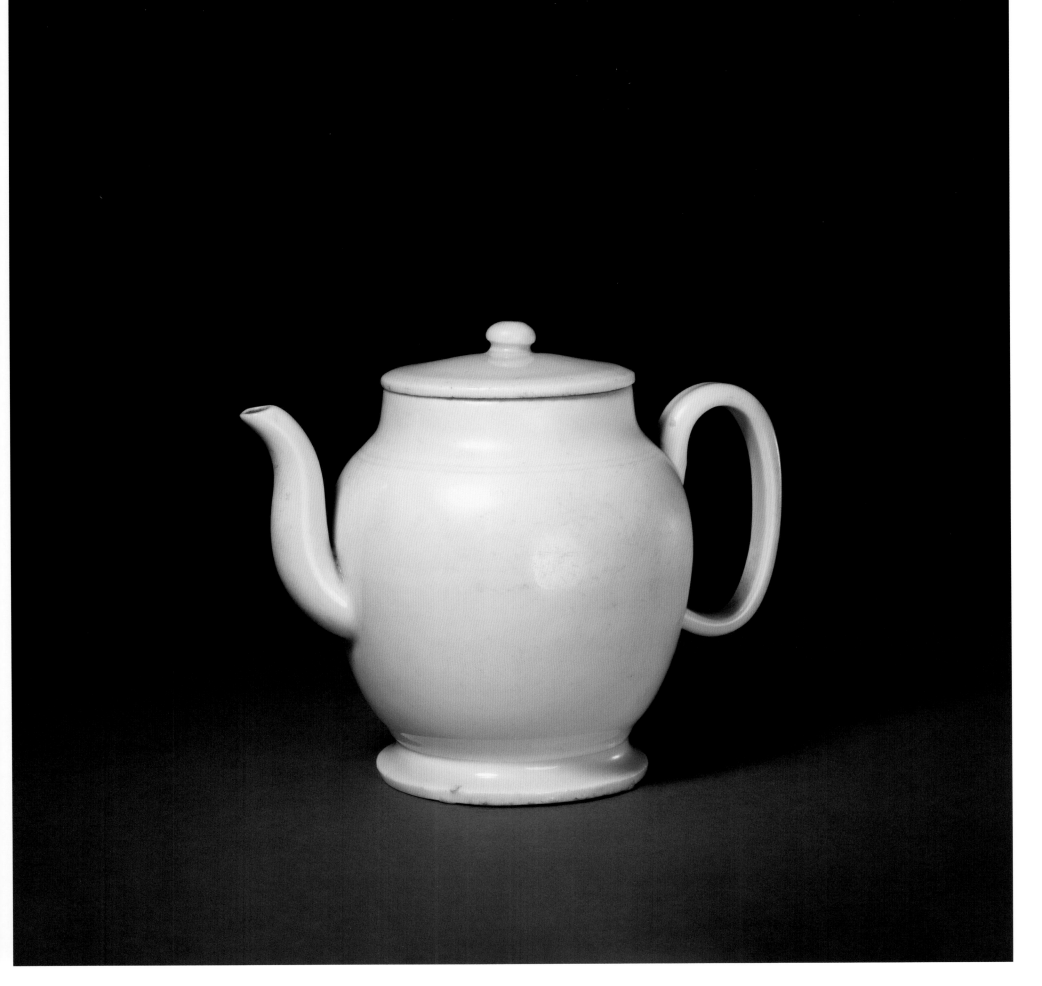

白釉瓜式执壶

明至清

通高 7.5 厘米　口径 3.5 厘米　足径 5 厘米

1957 年入藏

壶直口，扁圆腹，腹壁五道凹棱呈五瓣瓜形，浅圈足。瓜棱盖塑梅花形抓钮。腹一侧出短直流，另一侧置曲柄。通体施白釉，底满釉。釉质温润，釉色白中微泛牙黄色。

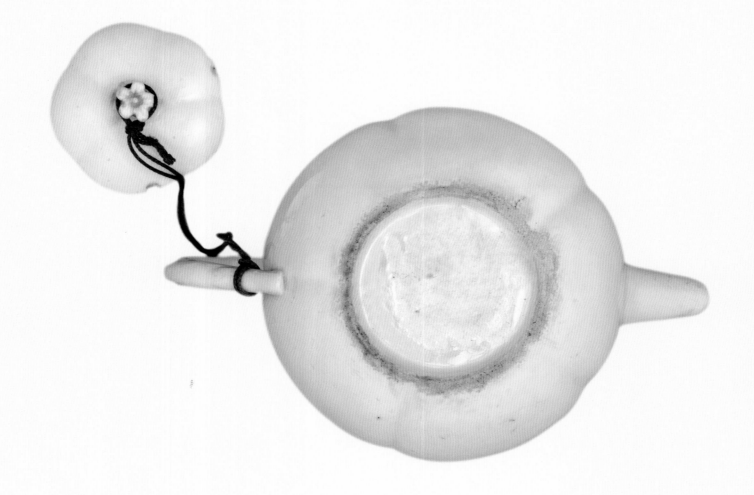

Blanc-de-Chine melon-shaped pot with handle at the side
From Ming Dynasty to Qing Dynasty, Overall height 7.5cm mouth diameter 3.5cm foot diameter 5cm, Collected in 1957

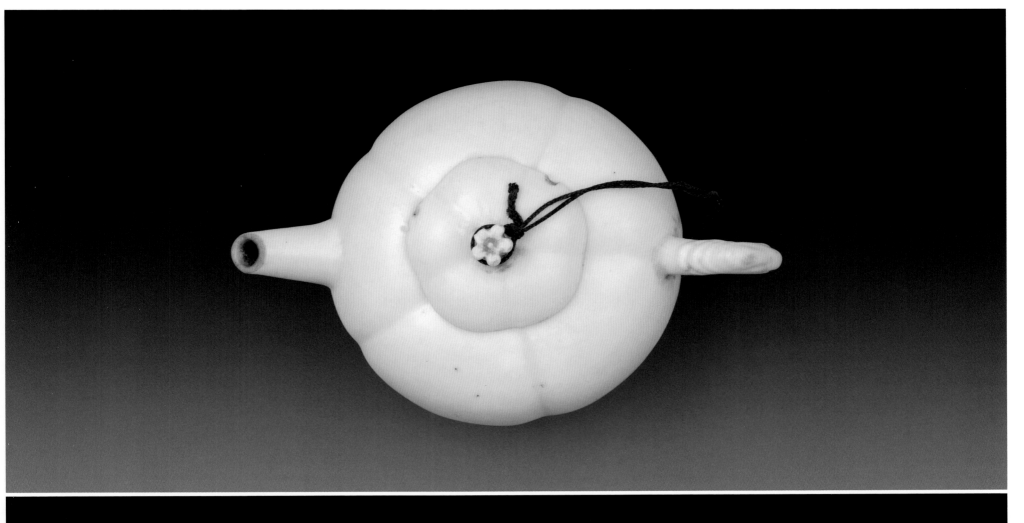

| **白釉模印花叶纹瓜式执壶**

明至清

通高 9 厘米　口径 3 厘米　足径 3.6 厘米

1957 年入藏

壶直口，瓜棱形球腹，平底假圈足，足出八角。壶盖瓜叶形，一片花叶自然弯曲成抓钮。外壁一侧出短直流，另一侧置枝梗式曲柄。通体施乳白釉。肩部模印枝梗及花叶纹。

　　此壶造型模仿自然瓜果形态，足出八角似瓜蒂，腹为瓜体，瓜叶形盖的枝梗和花叶自然延伸至壶体之上，展现了德化窑工匠高超的造型艺术水平。

Blanc-de-Chine melon-shaped pot with handle at the side and molded flower and leaf design
From Ming Dynasty to Qing Dynasty, Overall height 9cm mouth diameter 3cm foot diameter 3.6cm, Collected in 1957

158 | 白釉刻诗句瓜叶纹瓜式执壶

明至清
通高 8.6 厘米　口径 3.3 厘米　足径 3 厘米
1961 年入藏

壶直口，球腹，平底假圈足，足出八角，瓜叶形盖。附后配木座。外壁一侧出短直流，另一侧置枝梗式曲柄。通体施牙白釉。腹部一侧釉下刻草书七言诗句，壶身凸刻瓜枝、瓜叶纹。

此壶造型似一成熟的香瓜，足为瓜蒂，瓜的枝梗及花叶自柄到盖再伸展至瓜腹，自然生动，颇有意趣。

Blanc-de-Chine melon-shaped pot with handle at the side and incised design of poetry and melon leaf
From Ming Dynasty to Qing Dynasty, Overall height 8.6cm mouth diameter 3.3cm foot diameter 3cm, Collected in 1961

白釉盒

明
通高 6.5 厘米　口径 10.5 厘米　足径 6.8 厘米
1958 年入藏

盒子母口，上附直壁拱顶盖，盒身直壁，腹下内折，圈足。里外及底均施白釉，釉质莹润，釉色白中微泛牙黄色。

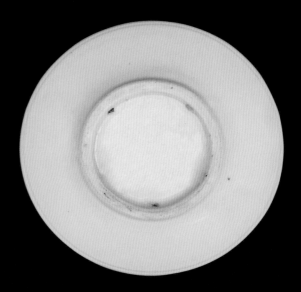

Blanc-de-Chine box
Ming Dynasty, Overall height 6.5cm mouth diameter 10.5cm foot diameter 6.8cm, Collected in 1958

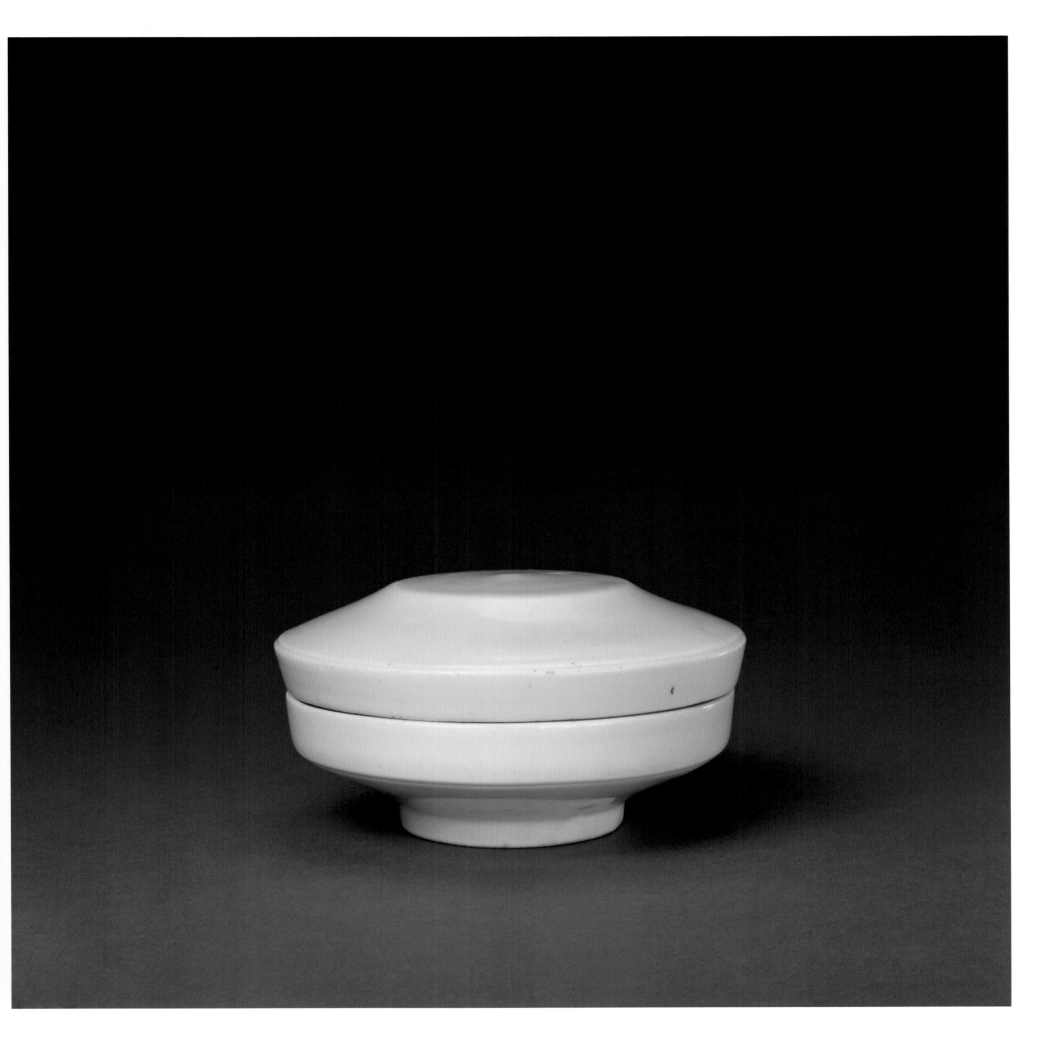

160 白釉印花牡丹纹盒

明

通高 5.5 厘米　口径 11 厘米　足径 7.6 厘米

1957 年入藏

盒子母口，弧壁，圈足，拱形盒盖。里外施白釉，底无釉，釉泛灰青色。盖面饰印花牡丹纹，盖壁及盒身外壁凹印细密的菊瓣纹。

盖盒是德化窑的传统产品，宋元时期德化窑曾大量烧造青白瓷和白瓷盖盒。此盒仍具前代遗风，造型规整，胎质细腻，印花纹样清晰美观。

Blanc-de-Chine box with stamped peony design
Ming Dynasty, Overall height 5.5cm　mouth diameter 11cm　foot diameter 7.6cm, Collected in 1957

161 | 白釉钵式漏斗

明

高 9.4 厘米　口径 15.2 厘米　足径 10 厘米

1958 年入藏

漏斗敛口，深腹渐敛，胫部微撇，圈足，底心有一圆形漏孔。里外施白釉，底无釉。釉质滋润，釉色纯正。

Blanc-de-Chine alms-bowl-shaped funnel
Ming Dynasty, Height 9.4cm mouth diameter 15.2cm foot diameter 10cm, Collected in 1958

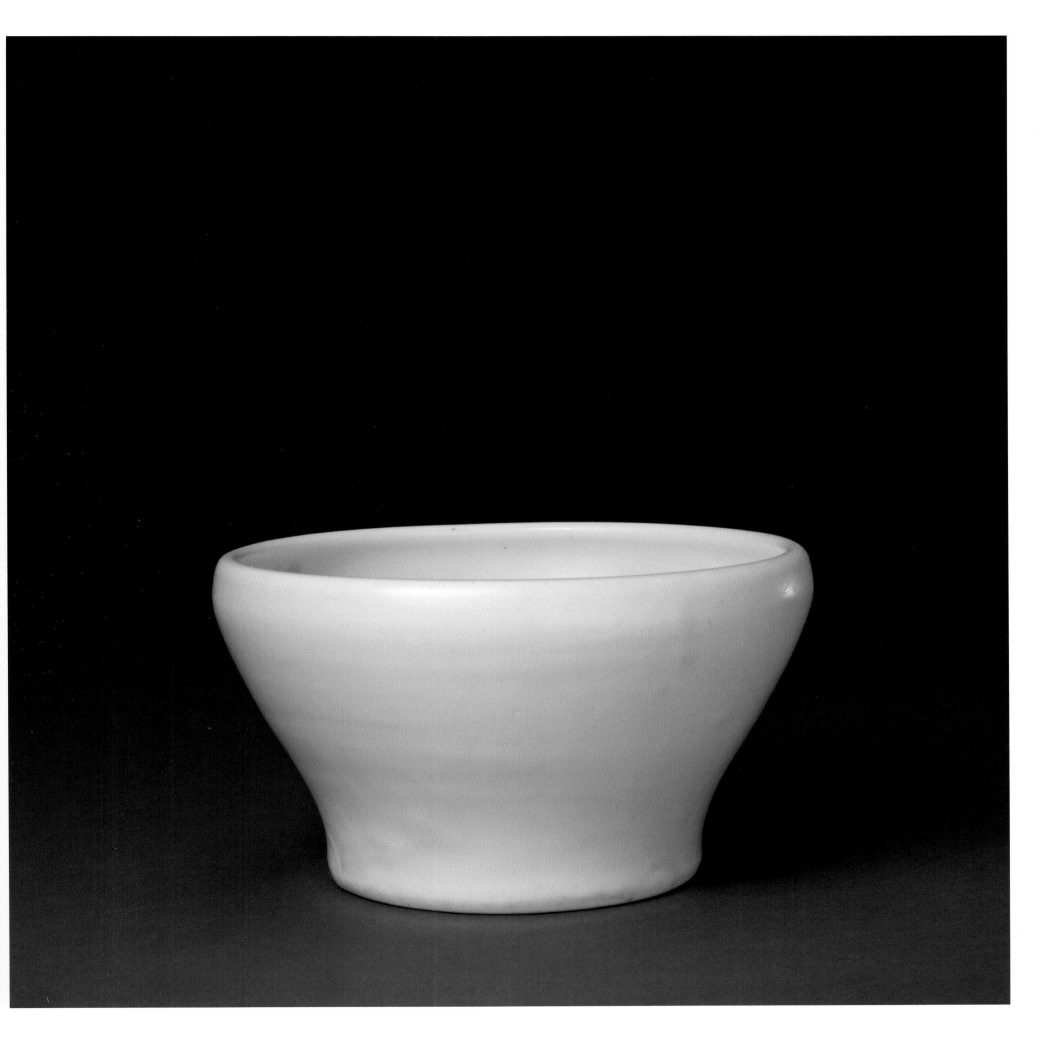

162 白釉钵

明
高 8.5 厘米　口径 9.5 厘米　足径 4.5 厘米
1960 年入藏

钵敛口，溜肩，深弧腹渐敛，平底。胎体细腻。里外施白釉，底无釉。釉质滋润如凝脂，釉色纯正。

Blanc-de-Chine alms bowl
Ming Dynasty, Height 8.5cm mouth diameter 9.5cm foot diameter 4.5cm, Collected in 1960

白釉刻划花云龙纹盘

明

高 5.2 厘米　口径 29.2 厘米　足径 14.1 厘米

1957 年入藏

盘敞口，弧壁，圈足。里外施白釉，底满釉。釉呈牙黄色。里心釉下刻划一盘绕飞腾的云龙，外壁光素无纹。

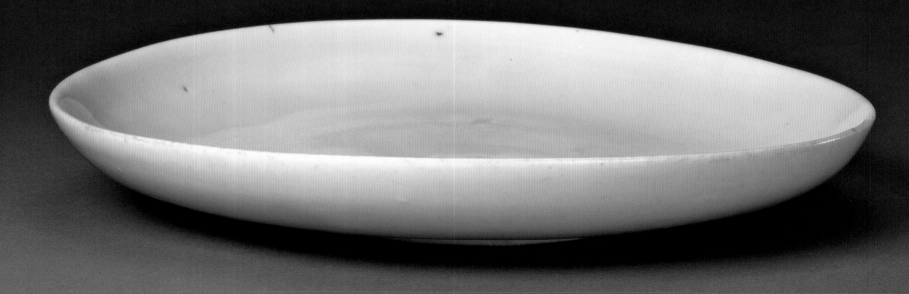

Blanc-de-Chine plate with incised cloud and dragon design
Ming Dynasty, Height 5.2cm　mouth diameter 29.2cm　foot diameter 14.1cm, Collected in 1957

白釉刻划花云龙纹盘

明

高 7.6 厘米　口径 33 厘米　足径 17 厘米

1958 年入藏

盘敞口，弧壁，圈足。里外施白釉，底满釉。釉呈牙黄色。里心釉下刻划云龙纹，纹饰线条浅淡纤细，因釉层较厚，显得模糊不清；外壁光素无纹。

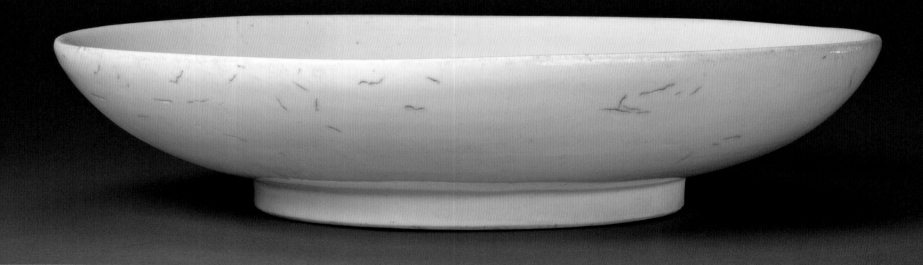

Blanc-de-Chine plate with incised cloud and dragon design
Ming Dynasty, Height 7.6cm　mouth diameter 33cm　foot diameter 17cm, Collected in 1958

白釉刻划花二龙戏珠纹盘

明

高 7 厘米　口径 38 厘米　足径 19 厘米

1964 年入藏

盘敞口，弧壁，圈足。胎体厚重致密。里外施白釉，底满釉，釉呈牙黄色。里心釉下刻划二龙戏珠纹，外壁刻划缠枝花卉纹。

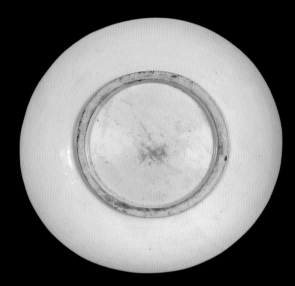

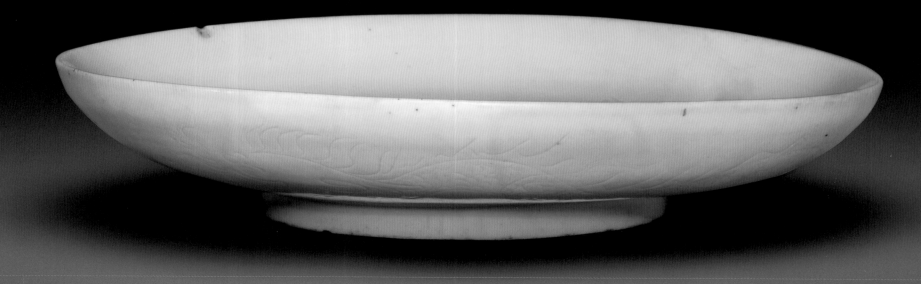

Blanc-de-Chine plate with incised design of two dragons playing with a ball
Ming Dynasty, Height 7cm　mouth diameter 38cm　foot diameter 19cm, Collected in 1964

白釉刻划花荷莲纹花口折沿盘

明

高 3.8 厘米　口径 17.7 厘米　足径 10.5 厘米

1958 年入藏

盘花口，折沿，弧壁内折，圈足。里外施白釉，底满釉，釉呈牙黄色。里心釉下刻划荷莲纹，外壁光素无纹。

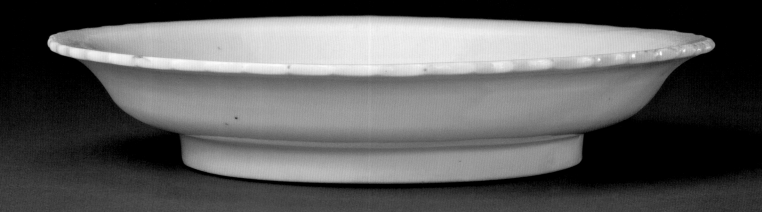

Blanc-de-Chine plate with flower rim, everted flange and incised lotus design
Ming Dynasty, Height 3.8cm mouth diameter 17.7cm foot diameter 10.5cm, Collected in 1958

湯鐵記（質料章 230）

白釉折沿盘

明
高 3.9 厘米　口径 22.5 厘米　足径 13.3 厘米
1954 年入藏

盘敞口，折沿，弧壁内折，圈足。里外施白釉，底满釉。釉质滋润，釉色洁白。

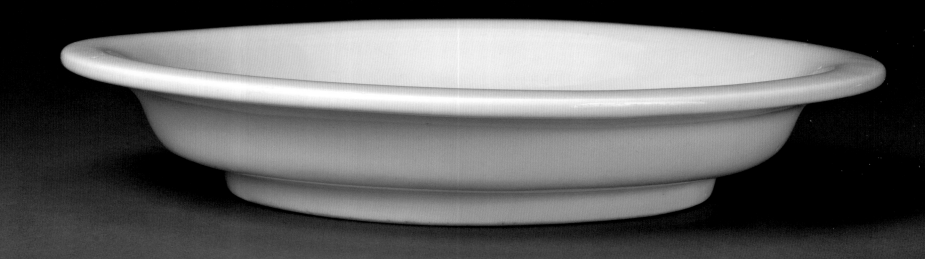

Blanc-de-Chine plate with everted flange
Ming Dynasty, Height 3.9cm mouth diameter 22.5cm foot diameter 13.3cm, Collected in 1954

白釉刻划花花卉纹折沿盘

明

高 5 厘米　口径 22 厘米　足径 11.5 厘米

1960 年入藏

盘敞口，折沿，浅弧壁，圈足。里外施白釉，底满釉。釉质滋润，釉色纯正。里心釉下刻划花卉纹，因釉层较厚，纹饰不够清晰；外壁光素无纹。

Blanc-de-Chine plate with everted flange and incised floral design
Ming Dynasty, Height 5cm mouth diameter 22cm foot diameter 11.5cm, Collected in 1960

白釉刻划花折枝花卉纹盘

明至清

高 3.3 厘米　口径 18 厘米　足径 10.5 厘米

1958 年入藏

盘撇口，弧壁，圈足。里外施白釉，底满釉。釉质滋润，釉色微泛牙黄色。里心釉下饰刻划折枝花卉纹，纹饰构图饱满，线条舒展流畅；外壁光素无纹。

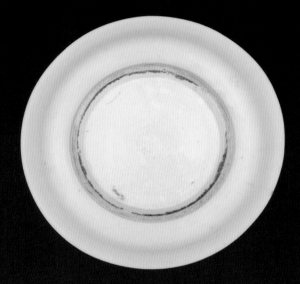

Blanc-de-Chine plate with incised design of disconnected sprays of flowers
From Ming Dynasty to Qing Dynasty, Height 3.3cm mouth diameter 18cm foot diameter 10.5cm, Collected in 1958

白釉刻划花折枝花卉纹盘

明至清

高 5.5 厘米　口径 29 厘米　足径 16.5 厘米

1959 年入藏

盘敞口，弧壁，圈足。里外施白釉，底满釉，釉泛牙黄色。里心釉下刻划折枝花卉纹，因釉层厚而失透，纹饰显得不够清晰；外壁光素无纹。

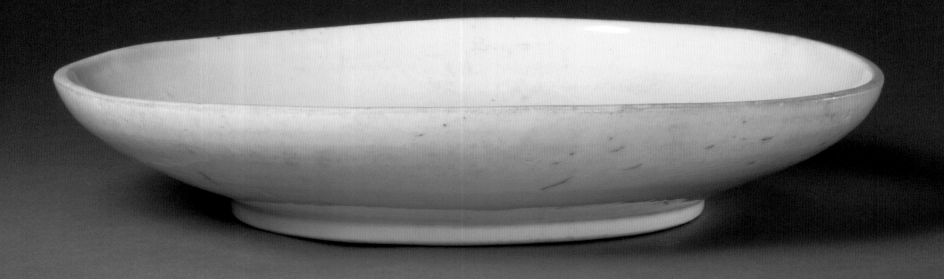

Blanc-de-Chine plate with incised design of disconnected sprays of flowers
From Ming Dynasty to Qing Dynasty, Height 5.5cm mouth diameter 29cm foot diameter 16.5cm, Collected in 1959

171 白釉划花折枝花卉纹盘

明至清

高 4.5 厘米　口径 23 厘米　足径 12 厘米

1963 年入藏

盘敞口，弧壁，圈足。里外施白釉，底满釉。釉质滋润，釉色微泛牙黄色。里心釉下划花折枝花卉纹，纹饰线条纤细舒展，构图饱满，但因釉层厚而失透，显得不够清晰；外壁光素无纹。

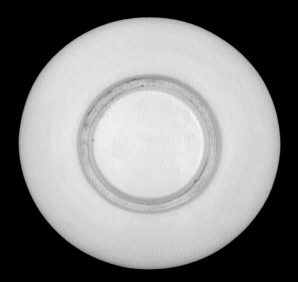

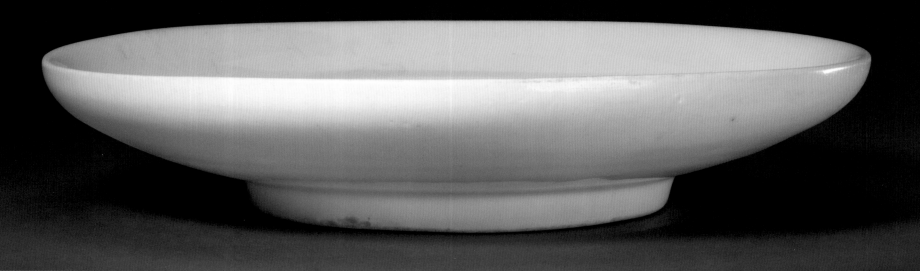

Blanc-de-Chine plate with incised design of disconnected sprays of flowers
From Ming Dynasty to Qing Dynasty, Height 4.5cm mouth diameter 23cm foot diameter 12cm, Collected in 1963

172 白釉划花折枝牡丹纹盘

明至清

高 6.6 厘米　口径 34 厘米　足径 19 厘米

1959 年入藏

盘敞口，弧壁，圈足。里外施白釉，底满釉。釉质莹润，釉色白中泛青。里心釉下划花折枝牡丹纹，外壁光素无纹。

Blanc-de-Chine plate with incised design of disconnected sprays of peonies
From Ming Dynasty to Qing Dynasty, Height 6.6cm mouth diameter 34cm foot diameter 19cm, Collected in 1959

白釉刻花双螭纹八方盘

清

高 2.7 厘米　口径 18 厘米　足径 9.7 厘米

1958 年入藏

盘口八方花瓣式，斜壁，高圈足。胎质细腻坚致。里外施白釉，底无釉，釉色白中泛灰。里口沿刻卷枝纹，里心外圈凸刻双螭纹；外壁光素无纹。

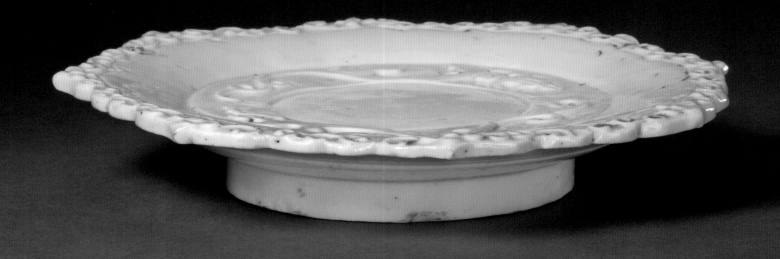

Blanc-de-Chine octagonal plate with incised design of pair hydras
Qing Dynasty, Height 2.7cm mouth diameter 18cm foot diameter 9.7cm, Collected in 1958

白釉雅字款攒盘（残）

清

高 2.6 厘米　口径 14 厘米 ×5 厘米　足径 10.5 厘米 ×3.5 厘米

1958 年入藏

盘扇形，唇口，直壁，圈足。通体施白釉，釉泛牙黄色。底心戳印"雅"字篆书方章款，款识字体模糊。

攒盘是由大小形状不一的多个小盘拼凑而成的一种盘式，始见于明代万历时期，清代康熙时期最为流行，并一直延续到晚清。拼盘所用小盘的数量一般少者五个，多者达二十余个，盘的形状有圆形、扇形、四方形、六方形、八方形、叶形、牡丹花形、梅花形、莲花形、菱花形等多种。此器为成套攒盘中的一件。

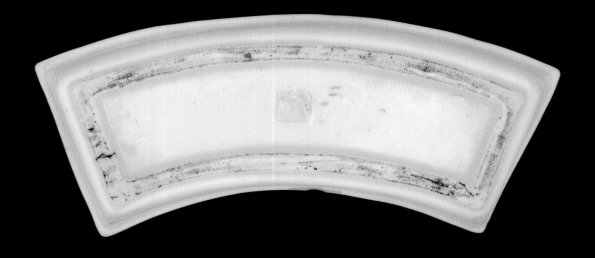

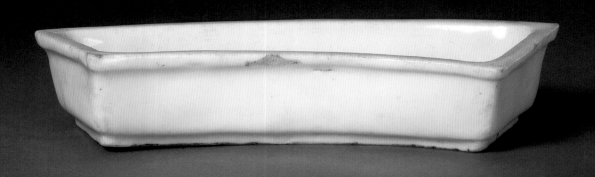

Blanc-de-Chine plate set (one section) and mark of Ya
Qing Dynasty, Height 2.6cm　mouth size 14cm×5cm　foot size 10.5cm×3.5cm, Collected in 1958

白釉宣德年制款碟

清

高 1.7 厘米　口径 12 厘米　足径 5 厘米

1959 年入藏

碟敞口，斜壁，圈足。里外施白釉，底满釉，釉泛牙黄色。通体光素，外底心戳印"宣德年制"四字篆书方章款。

Blanc-de-Chine saucer with mark of Xuan De Nian Zhi
Qing Dynasty, Height 1.7cm　mouth diameter 12cm　foot diameter 5cm, Collected in 1959

白釉葵瓣式碟

清

高 3 厘米　口径 9.1 厘米　足径 4.2 厘米

1959 年入藏

碟敞口，斜壁葵花瓣式，圈足。里外施白釉，底满釉，釉色白中泛青。

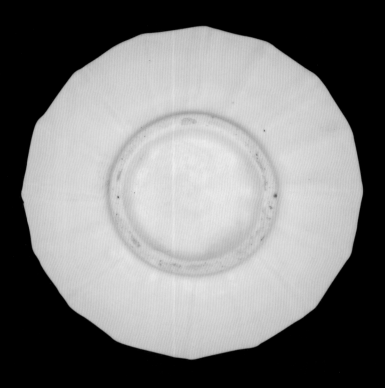

Blanc-de-Chine sunflower-shaped saucer
Qing Dynasty, Height 3cm mouth diameter 9.1cm foot diameter 4.2cm, Collected in 1959

| 白釉方碟

清
高 2.7 厘米　口径 7.3 厘米 × 7 厘米　足径 4.5 厘米 × 4.5 厘米
1959 年入藏

碟方形，敞口，弧壁，圈足。里外施白釉，底满釉，釉色白中泛青。

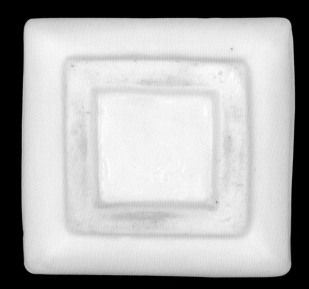

Blanc-de-Chine square saucer
Qing Dynasty, Height 2.7cm mouth size 7.3cm×7cm foot size 4.5cm×4.5cm, Collected in 1959

白釉塑贴折枝梅纹碗

明

高 9.5 厘米　口径 20.5 厘米　足径 11.7 厘米

1959 年入藏

碗敞口，弧壁，深腹，圈足。里无釉，外施乳白色釉，底无釉。里光素无纹；外壁塑贴折枝梅花纹三组。

Blanc-de-Chine bowl with appliqué of disconnected sprays of plum flowers

Ming Dynasty, Height 9.5cm mouth diameter 20.5cm foot diameter 11.7cm, Collected in 1959

白釉划花花卉纹碗

明

高 4.2 厘米　口径 14.3 厘米　足径 5.1 厘米

1961 年入藏

碗撇口，深弧腹，圈足。里外施白釉，底满釉，釉呈牙黄色。里心釉下划花花卉纹，纹饰线条自由舒展；外壁光素无纹。

Blanc-de-Chine bowl with incised floral design
Ming Dynasty, Height 4.2cm　mouth diameter 14.3cm　foot diameter 5.1cm, Collected in 1961

180 白釉刻诗句纹碗

明至清

高 4.4 厘米　口径 14.2 厘米　足径 4.5 厘米

1958 年入藏

碗侈口外卷，弧壁，深腹，圈足。里外施白釉，底满釉。釉质滋润，釉色纯正。里心釉下刻"竹炉汤沸火初红"七言诗句，旁钤"口水"篆书椭圆形印章；外壁光素无纹。

此碗里心所刻诗句出自南宋诗人杜耒《寒夜》一诗："寒夜客来茶当酒，竹炉汤沸火初红。寻常一样窗前月，才有梅花便不同。"此诗因被选入《千家诗》，所以流传很广。传世明清德化窑白釉碗、杯类制品中常见刻有此句诗文的器物，诗意所指也清楚表明了此类制品应为茶具。

Blanc-de-Chine bowl with incised poetry design
From Ming Dynasty to Qing Dynasty, Height 4.4cm mouth diameter 14.2cm foot diameter 4.5cm, Collected in 1958

白釉刻诗句纹卧足碗

明至清

高 4.4 厘米　口径 22 厘米　足径 15 厘米

1962 年入藏

碗撇口，弧壁，卧足。里外施白釉，底满釉。釉质莹润，釉色洁白。里心釉下刻"未邀影舞玉人劝，先车踏雪仙家呼"七言诗句，旁落"如玉"题名；外壁光素无纹。

Blanc-de-Chine bowl with concave foot and incised poetry design
From Ming Dynasty to Qing Dynasty, Height 4.4cm　mouth diameter 22cm　foot diameter 15cm, Collected in 1962

未曾影舞玉人

助光寒（燃）雪

仙岛峤

（印款）

182 | 白釉碗

清
高 7 厘米　口径 17.5 厘米　足径 7.2 厘米
1958 年入藏

碗敞口，弧壁，深腹，圈足外撇。通体施白釉，底满釉。釉质莹润，釉色白中泛青。

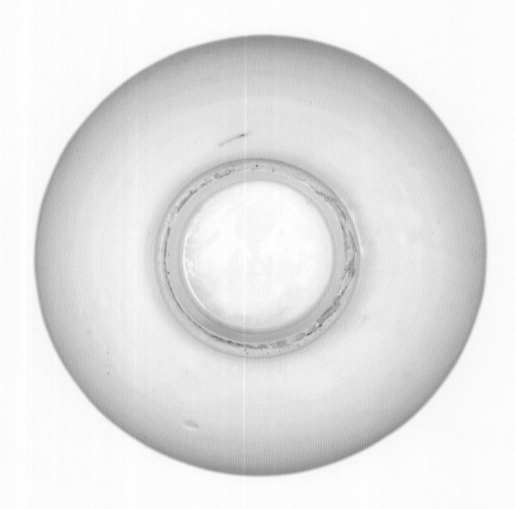

Blanc-de-Chine bowl
Qing Dynasty, Height 7cm mouth diameter 17.5cm foot diameter 7.2cm, Collected in 1958

白釉碗

清

高 4.2 厘米　口径 8.2 厘米　足径 3.5 厘米

1955 年入藏

碗撇口，弧壁，深腹，圈足。里外施白釉，底无釉，釉色白中微泛灰青色。

Blanc-de-Chine bowl
Qing Dynasty, Height 4.2cm mouth diameter 8.2cm foot diameter 3.5cm, Collected in 1955

白釉斋字款碗

清
高 5.4 厘米　口径 17 厘米　足径 6 厘米
1958 年入藏

碗敞口，斜壁，圈足。通体施白釉，底满釉，釉色白中泛青。里外光素无纹，底心刻"斋"字楷书款。

Blanc-de-Chine bowl with mark of Zhai
Qing Dynasty, Height 5.4cm mouth diameter 17cm foot diameter 6cm, Collected in 1958

413

185 白釉铭字款碗

清

高 8 厘米　口径 15.7 厘米　足径 7 厘米

1958 年入藏

碗撇口，弧壁，深腹，圈足。通体施白釉，底满釉，釉色白中泛青。里外光素无纹，底心刻一"铭"字款。

此碗刻字为后期使用时錾刻，可能代表物主、使用者或使用场所等含义。

Blanc-de-Chine bowl with mark of Ming
Qing Dynasty, Height 8cm　mouth diameter 15.7cm　foot diameter 7cm, collected in 1958

白釉刻花折枝菊纹碗

清
高 3.3 厘米　口径 8.2 厘米　足径 4.5 厘米
1955 年入藏

碗敞口微撇，弧壁，深腹，圈足。胎质细腻坚致。里外施白釉，底施釉不全，釉色白中泛青。里光素无纹；外壁釉下浅刻折枝菊花纹，纹饰刻划线条纤细舒展。

Blanc-de-Chine bowl with incised design of disconnected sprays of chrysanthemums
Qing Dynasty, Height 3.3cm mouth diameter 8.2cm foot diameter 4.5cm, Collected in 1955

白釉模印兽面纹匙

清

长 14.5 厘米　宽 4.3 厘米

1959 年入藏

匙曲柄，里外施白釉，釉色微泛牙黄色。柄首有兽面装饰。外底心及柄首背面有露胎支烧痕。

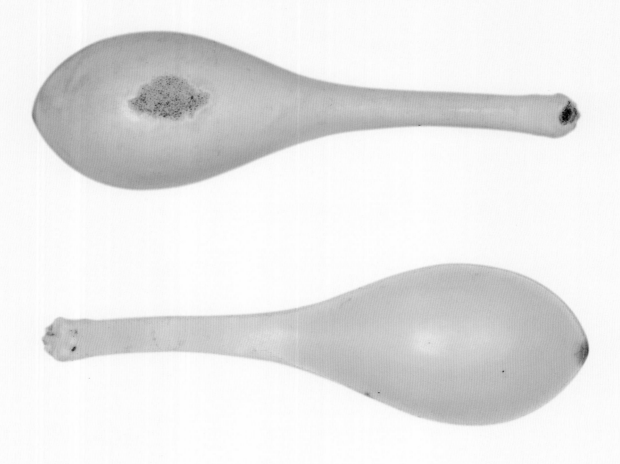

Blanc-de-Chine spoon with molded design of animal mask motif
Qing Dynasty, Length 14.5cm width 4.3cm, Collected in 1959

188 白釉划花缠枝花卉纹盏托

清

高 2.7 厘米　口径 14.6 厘米　底径 5 厘米

1954 年入藏

盏托撇口，斜壁，玉璧底。里心中间出棱形凸起以承盏。通体施白釉，底无釉，釉色白中泛青。里口沿划花缠枝花卉纹。

盏托又称"茶托""茶船"，是一种配合茶盏使用的配套茶具。始见于东晋，南北朝已较流行，唐宋时期饮茶之风大盛，南北方各窑均大量制作。此器造型规整，底足为唐代碗、盏类圆器流行的玉璧底形式，应为德化窑刻意模仿前代白瓷之作。

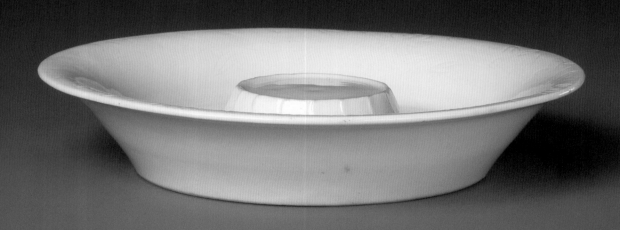

418 **Blanc-de-Chine saucer with incised design of interlocking flowers**
Qing Dynasty, Height 2.7cm mouth diameter 14.6cm bottom diameter 5cm, Collected in 1954

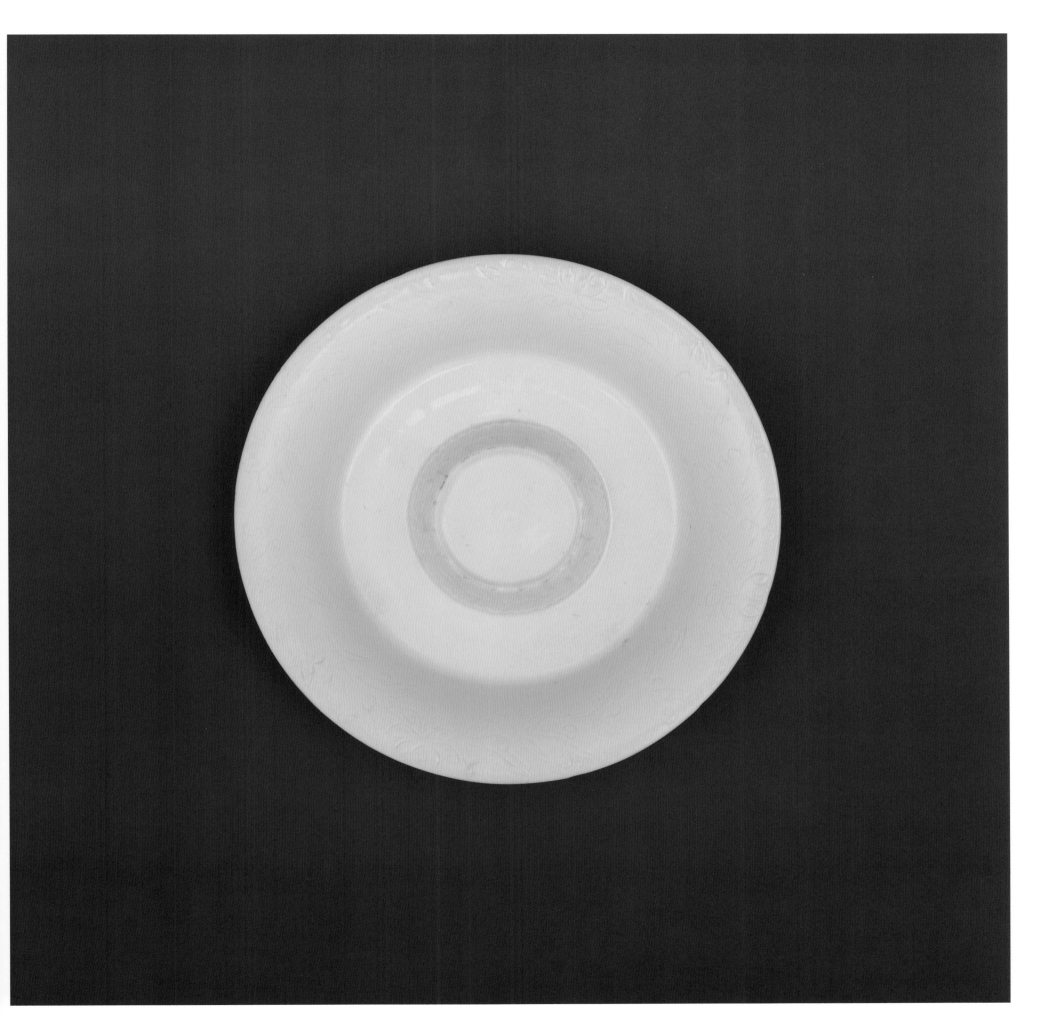

189 | 白釉刻谚语纹荷叶式杯

明

高 5.5 厘米　口径 9.4 厘米 × 8.7 厘米　足径 3 厘米

1959 年入藏

杯四方荷叶式，花口，斜壁渐收，外壁一侧塑贴一枝叶梗自然伸展至底，外底叶梗盘绕并出四个小乳足支撑杯体。里外施白釉，釉呈牙黄色。外壁一面釉下刻"安岁当了宝"五言民谚，腹底边浅划叶脉纹。

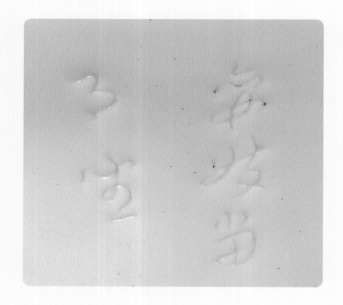
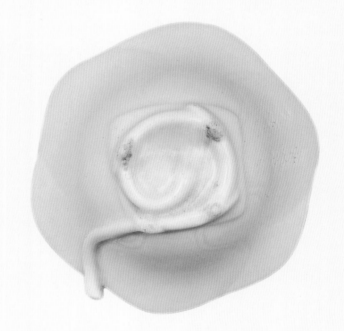

Blanc-de-Chine lotus-leaf-shaped cup with incised proverb design
Ming Dynasty, Height 5.5cm　mouth size 9.4cm×8.7cm　foot diameter 3cm, Collected in 1959

白釉塑贴折枝梅花纹杯

明至清

高 6.7 厘米　口径 10.3 厘米 ×8.8 厘米　足径 5.5 厘米 ×4 厘米

1958 年入藏

杯身椭圆形，侈口，深腹，圜底，下接梅树枝干形底托。通体施白釉，釉面滋润，釉色乳白。外壁两面各塑贴一组折枝梅花，枝干挺拔，花开两朵，其中一面杯壁下部刻一"六"字。

此类塑贴折枝花卉的白瓷杯是德化窑生产量最大的杯式之一，因塑贴花卉的种类有梅花、玉兰、菊花等，一般俗称"梅花杯""玉兰杯"或"菊花杯"，其中以塑贴折枝梅花的梅花杯最为常见。这类杯的造型源自犀角杯，器身一般作椭圆形，侈口，深腹，圜底，下接花树枝干形底托为足，外壁两面塑贴折枝花卉。

Blanc-de-Chine cup with appliqué of disconnected sprays of plum flowers

From Ming Dynasty to Qing Dynasty, Height 6.7cm　mouth size 10.3cm×8.8cm　foot size 5.5cm×4cm, Collected in 1958

191 | 白釉塑贴折枝梅花纹杯

明至清

高 6 厘米　口径 8.8 厘米 ×7.8 厘米　足径 4.4 厘米 ×3.3 厘米

1959 年入藏

杯身椭圆形，侈口，深腹，圜底，下接梅树枝干形底托。通体施白釉，釉面莹润，釉色乳白。外壁两面各贴一组梅树枝干略呈"S"形的折枝梅花，花开两朵，花瓣肥厚，一面梅树两侧分刻"有""稻"两字。

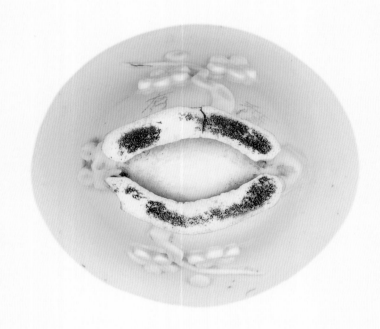

Blanc-de-Chine cup with appliqué of disconnected sprays of plum flowers
From Ming Dynasty to Qing Dynasty, Height 6cm　mouth size 8.8cm×7.8cm　foot size 4.4cm×3.3cm, Collected in 1959

192 | 白釉塑贴折枝梅花纹杯

明至清

高 4 厘米　口径 7 厘米 ×6 厘米　足径 3.5 厘米 ×2.5 厘米

1957 年入藏

杯身椭圆形，撇口，深腹，圜底，下接梅树枝干形底托。通体施白釉，釉质莹润，釉色白中泛黄。外壁两面各贴一组折枝梅花，梅枝刻画简练，两朵梅花盛开。

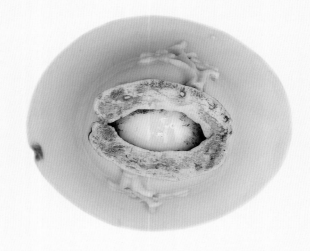

Blanc-de-Chine cup with appliqué of disconnected sprays of plum flowers
From Ming Dynasty to Qing Dynasty, Height 4cm　mouth size 7cm×6cm　foot size 3.5cm×2.5cm, Collected in 1957

193 白釉塑贴折枝玉兰梅花纹杯

明至清

高 6.3 厘米　口径 9.3 厘米 ×7.7 厘米　足径 5 厘米 ×3.6 厘米

1956 年入藏

杯身椭圆形，撇口，深腹，圜底，下接梅树枝干形底托。通体施白釉，釉质滋润，釉色白中泛青。外壁两面各贴折枝玉兰花及梅花，花枝苍劲挺拔，花朵盛开。

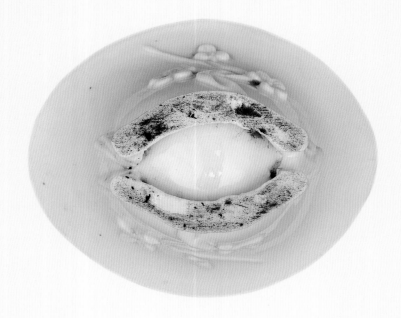

Blanc-de-Chine cup with appliqué of disconnected sprays of magnolia and plum flower
From Ming Dynasty to Qing Dynasty, Height 6.3cm　mouth size 9.3cm×7.7cm　foot size 5cm×3.6cm, Collected in 1956

194 | 白釉塑贴折枝玉兰纹杯

明至清

高 9 厘米　口径 13 厘米 ×10 厘米　足径 6 厘米 ×5 厘米

1959 年入藏

杯身椭圆形，撇口，深腹，圜底，下接梅树枝干形底托。通体施白釉，底满釉。釉质莹润，釉呈牙黄色。外壁两面各贴一组折枝玉兰，枝干瘦劲，花开三朵。

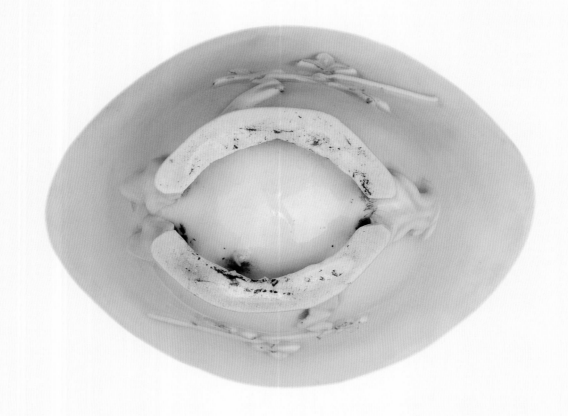

Blanc-de-Chine cup with appliqué of disconnected sprays of magnolia
From Ming Dynasty to Qing Dynasty, Height 9cm mouth size 13cm×10cm foot size 6cm×5cm, Collected in 1959

白釉刻诗纹杯

明至清
高 4.6 厘米　口径 7.8 厘米　足径 3.2 厘米
1957 年入藏

杯敞口，深腹，圈足。里外施白釉，底满釉，釉色乳白。外壁一面刻草书五言诗句。

Blanc-de-Chine cup with incised poetry design
From Ming Dynasty to Qing Dynasty, Height 4.6cm mouth diameter 7.8cm foot diameter 3.2cm, Collected in 1957

白釉花瓣式杯

明至清

高 4 厘米　口径 7 厘米 ×6 厘米　足径 2.3 厘米

1960 年入藏

杯敞口，曲壁深腹呈花瓣形，圈足。里外施白釉，底满釉，釉色白中泛黄。外壁一面模印一方形篆字印章，字迹模糊不清。外底心印篆书方章款识，印文也不够清晰。

Blanc-de-Chine flower-petal-shaped cup
From Ming Dynasty to Qing Dynasty, Height 4cm mouth size 7cm×6cm foot diameter 2.3cm, Collected in 1960

433

197 白釉牵牛花式杯

明至清
高 5 厘米　口径 8.7 厘米 ×8 厘米
1962 年入藏

杯形似一朵牵牛花，喇叭口，曲折腹。通体施白釉，釉质滋润，釉色白中泛黄。

牵牛花俗称"喇叭花"，是我国广泛分布的一种缠绕形草本植物。此杯器形生动优美，反映了德化窑高超的造型艺术水平，而杯底以翘起的花梗和杯身一侧凸起的两个小柱足组成三点支撑，更显巧妙。

Blanc-de-Chine morning-glory-shaped cup
From Ming Dynasty to Qing Dynasty, Height 5cm　mouth size 8.7cm×8cm, Collected in 1962

198 | **白釉桃式杯**
明至清
高 4.1 厘米　口径 9 厘米 ×7 厘米
1958 年入藏

杯桃实形，敞口，口沿一侧有流，深腹，平底出三乳足。通体施象牙白釉，釉质滋润。外壁一侧贴雕花梗，花枝花叶自然延伸贴于器壁。外底刻一"十"字。

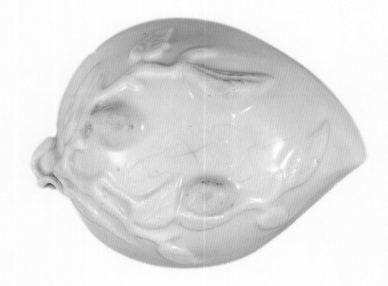

Blanc-de-Chine peach-shaped cup
From Ming Dynasty to Qing Dynasty, Height 4.1cm mouth size 9cm×7cm, Collected in 1958

白釉模印花叶纹花式杯

明至清

高 5.7 厘米　口径 11 厘米 ×9.3 厘米　足径 4 厘米

1963 年入藏

杯椭圆形，花口，弧壁，花梗式圈足。里外施白釉，底满釉，釉色白中泛牙黄色。外壁周身凸印花叶纹。

Blanc-de-Chine flower-shaped cup with molded design of flower and leaf
From Ming Dynasty to Qing Dynasty, Height 5.7cm mouth size 11cm×9.3cm foot diameter 4cm, Collected in 1963

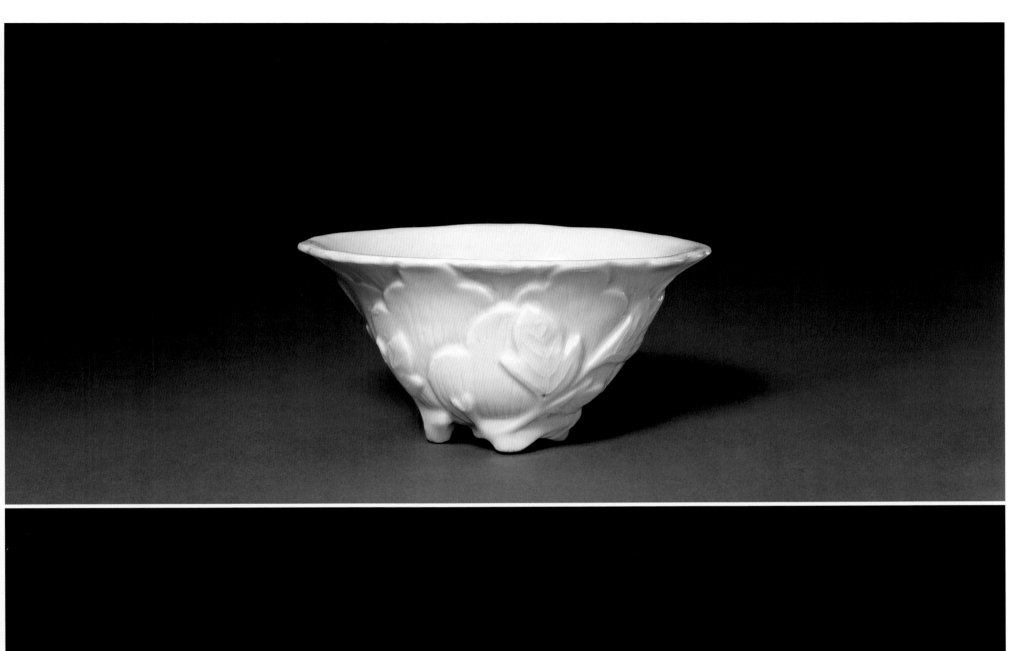

200 白釉塑贴折枝玉兰梅花纹花瓣式杯

明至清

高 7.8 厘米　口径 12.5 厘米　足径 5.2 厘米

1958 年入藏

杯身花瓣式，撇口，弧壁，深腹，枝干形圈足。通体施白釉，底满釉。釉质滋润，釉泛牙黄色。外壁两面分别塑贴折枝玉兰花及梅花，枝干挺拔，花开三朵。

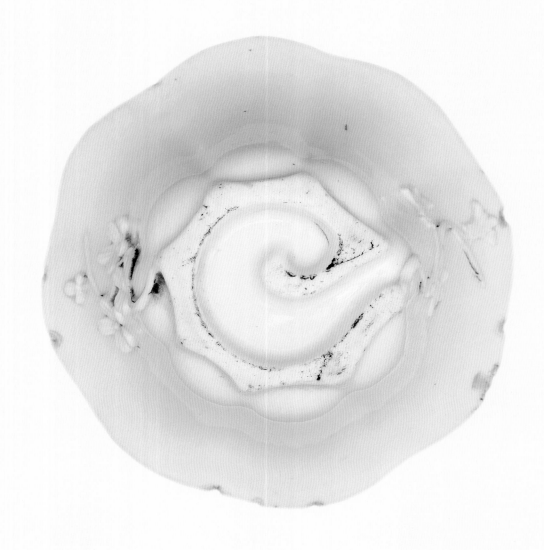

Blanc-de-Chine flower-petal-shaped cup with appliqué of disconnected sprays of magnolia and plum flower

From Ming Dynasty to Qing Dynasty, Height 7.8cm mouth diameter 12.5cm foot diameter 5.2cm, Collected in 1958

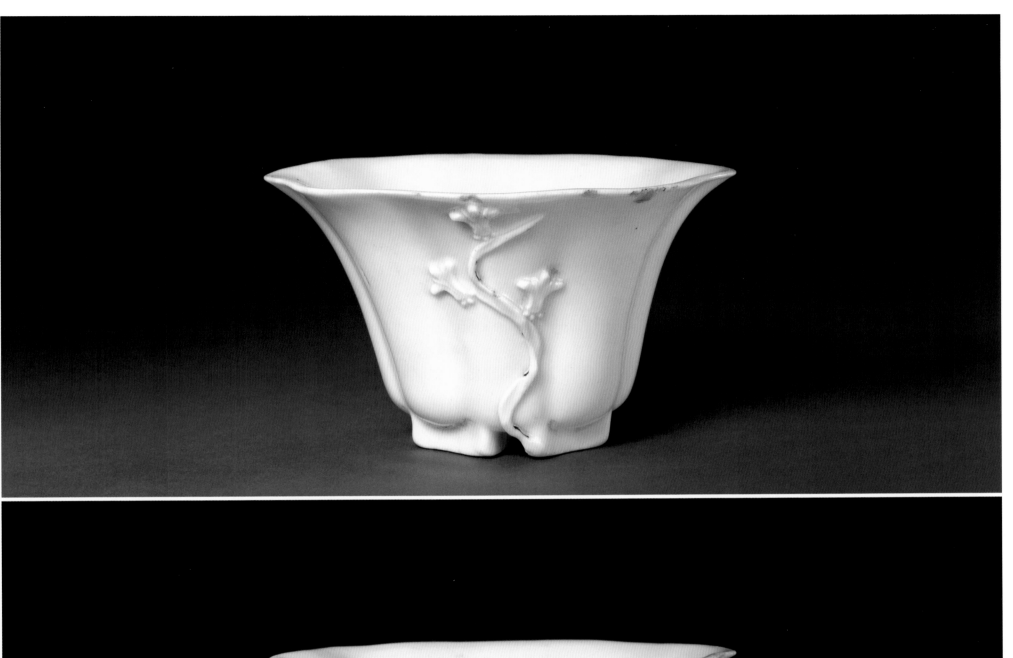

201 白釉刻诗句纹花瓣式杯

明至清

高 5.5 厘米 口径 9.5 厘米 ×7.5 厘米 足径 3 厘米

1959 年入藏

杯敞口，斜壁曲折呈八瓣花式，梅花枝梗围成圈足。里外施白釉，底满釉，釉色洁白微泛青色。外壁相对两面分刻有两句五言诗句，底印一朵折枝梅花。

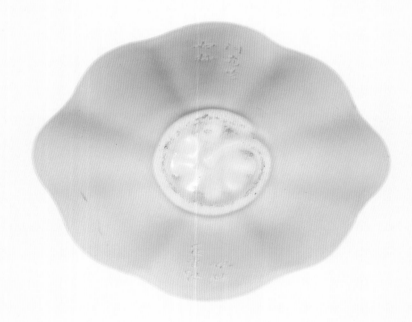

Blanc-de-Chine flower-petal-shaped cup with incised poetry design
From Ming Dynasty to Qing Dynasty, Height 5.5cm mouth size 9.5cm×7.5cm foot diameter 3cm, Collected in 1959

202 | 白釉模印古铜纹爵式杯

明至清

高 7 厘米　口径 10.5 厘米 × 5 厘米

1956 年入藏

杯体椭圆形，前有长流，后有尖尾，里壁贴一对帽形柱高于杯体，深腹，外壁一侧有兽面鋬，出四道棱，圜底，下承三兽面蹄足，足尖外翘。通体施白釉，釉泛牙黄色。外口沿下印回纹一周，外壁棱间模印四组仿古铜纹。

各式白瓷杯是明清德化窑生产的最大宗产品。以故宫博物院藏品为例，在 700 余件院藏明清德化窑白瓷藏品中，各式杯就多达 300 余件。它们不仅器式众多，装饰技法多样，装饰题材也十分丰富多彩。从器式来看，就有爵式杯、犀角式杯、椭圆形杯、圆口杯、八方杯、花口杯、乳足杯、公道杯等；装饰技法有刻花、划花、印花、模印贴花、塑贴花等；装饰题材有梅花、玉兰、龙、虎、鹿、鹤、诗句文字、人物、仿古铜纹等。此杯造型仿商周青铜爵。

Blanc-de-Chine Jue-shaped cup with molded design of ancient bronzes
From Ming Dynasty to Qing Dynasty, Height 7cm　mouth size 10.5cm×5cm, Collected in 1956

203 白釉模印古铜纹爵式杯

明至清

高 6 厘米　口径 8.2 厘米 ×4.3 厘米

1957 年入藏

杯体椭圆形，前有长流，后有尖尾，里壁贴一对帽形柱高于杯体，深腹，外壁一侧有兽面鋬，出四道棱，圜底，下承三兽面蹄足，足尖外翘。通体施白釉，釉泛牙黄色。外口沿下印回纹一周，外壁棱间模印四组仿古铜纹。

此杯造型仿古代青铜爵，器形古朴稳重，胎体厚而致密，但模印纹饰处理不细，显得不够清晰。

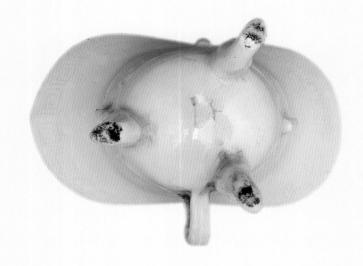

Blanc-de-Chine Jue-shaped cup with molded design of ancient bronzes
From Ming Dynasty to Qing Dynasty, Height 6cm mouth size 8.2cm×4.3cm, Collected in 1957

204 | 白釉塑贴龙纹犀角式杯

明至清

高8厘米　口径14.3厘米×10.3厘米　足径4.6厘米×4厘米

1956年入藏

杯体椭圆形，口沿曲折有度，两角突出，深腹，平底，假圈足。里外施白釉，底无釉，釉泛牙黄色。外壁两面各塑贴一龙，周边衬以朵花。

犀牛角是一种珍贵稀有的兽角，色黑褐或黑红色，明代之前就已作为药材少量进口。明初郑和下西洋时，犀牛角随之大量载入，由此开始出现以犀角制作的工艺品。明末清初之际，犀角杯十分盛行，因犀角在我国传统药学上被认为有清热解毒之功效，故明人制犀角杯一般用于饮酒。常见犀角杯的式样主要有两种，一为横卧式，上雕张骞乘独木槎寻江源的故事，又称"仙人乘槎"杯；二是仿商周青铜爵的器身形状，杯身上部椭圆形，下部筒形，外壁浮雕有龙、梅、玉兰、灵芝、山水、人物、楼阁等纹。而明清德化窑所产白瓷犀角式杯的造型也以仿青铜爵式样为主，并在杯身外壁用塑贴技法模仿犀角杯的浮雕纹样，塑贴题材见有龙、虎、鹿、鹤、猴、梅花、玉兰、人物等，其中塑贴龙、虎纹的最为常见，俗称"龙虎杯"。此杯造型属后者。器身两面各塑贴一龙，在德化窑同类杯中比较少见。

Blanc-de-Chine rhinoceros-horn-shaped cup with appliqué of dragons
From Ming Dynasty to Qing Dynasty, Height 8cm mouth size 14.3cm×10.3cm foot size 4.6cm×4cm, Collected in 1956

205 │ 白釉塑贴鱼龙凤纹犀角式杯

明至清

高 8.8 厘米　口径 14.5 厘米 ×10.5 厘米　足径 4.8 厘米 ×4.3 厘米

1957 年入藏

杯体椭圆形，口沿曲折，两角突出，深腹，圈足。里外施白釉，釉泛牙黄色，底无釉。外壁一面塑贴鱼龙纹，另一面塑贴凤纹，周边衬以山石、花树。

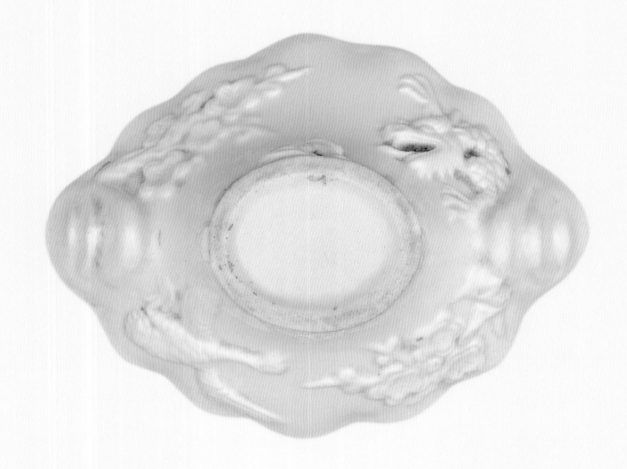

Blanc-de-Chine rhinoceros-horn-shaped cup with appliqué of fish, dragon and phoenix
From Ming Dynasty to Qing Dynasty, Height 8.8cm mouth size 14.5cm×10.5cm foot size 4.8cm×4.3cm, Collected in 1957

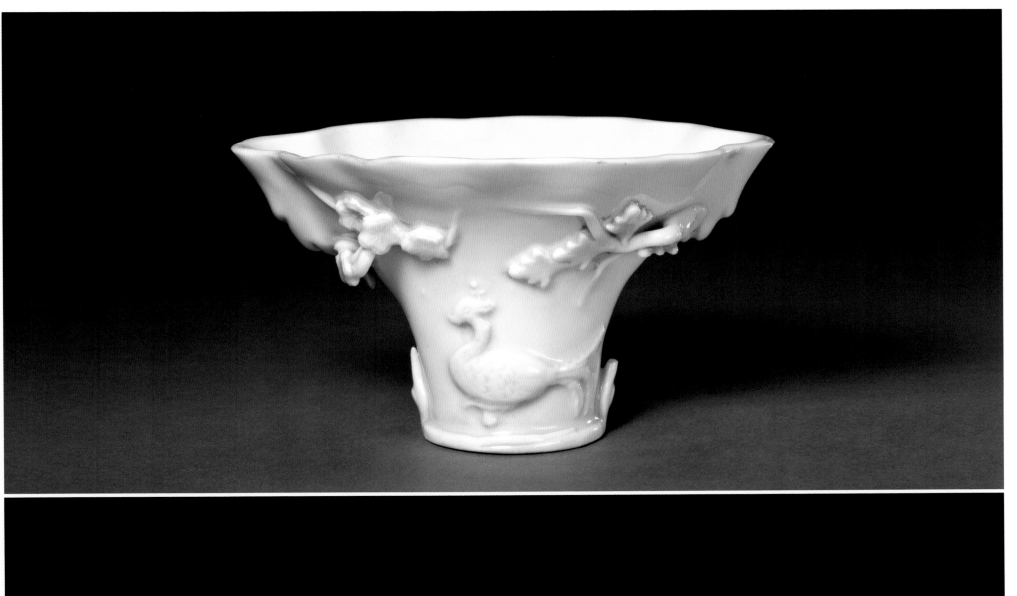

206 | 白釉塑贴鱼龙鹤鹿纹犀角式杯

明至清

高 8.3 厘米　口径 14 厘米 ×10.3 厘米　足径 4.6 厘米 ×4.3 厘米

清宫旧藏

杯体椭圆形，口沿曲折，两角突出，圈足。里外施白釉，底无釉，釉泛牙黄色。外壁一面塑贴一鱼一龙，另一面塑贴一鹤一鹿，周边衬以梅花、山石。

这类运用塑贴装饰技法的德化窑白瓷杯，其制作工艺是先以模具塑出纹样，再贴于器物表面，并适当加以修饰，这类技法因工艺流程略有差异，又称"堆塑""堆贴"或"模印贴花"等。此杯塑贴鱼、龙、鹤、鹿装饰不仅凸于釉面，具高浮雕效果，且寓有鱼龙变化、鹤鹿同春之吉祥寓意。 此杯原藏紫禁城内廷外西路宁寿宫。

Blanc-de-Chine rhinoceros-horn-shaped cup with appliqué of fish, dragon, crane and deer
From Ming Dynasty to Qing Dynasty, Height 8.3cm　mouth size 14cm×10.3cm　foot size 4.6cm×4.3cm, Collection of the Imperial Court of Qing Dynasty

207 | 白釉塑贴龙虎鹤鹿纹犀角式杯

明至清

高 8.6 厘米　口径 14 厘米 ×10 厘米　足径 4.5 厘米 ×4 厘米
1959 年入藏

杯体椭圆形，口沿曲折，两角突出，深腹，圈足。里外施白釉，底满釉。釉质莹润，釉色白中微泛牙黄色。外壁两面分别塑贴龙、虎及鹤、鹿纹样，周边衬以山石、梅树。

此杯因外壁塑贴龙、虎装饰，俗称"龙虎杯"，是德化窑同类杯中最常见的塑贴纹样，其制作工艺是先用模范成型杯身，再将模印压成的龙、虎、鹿、鹤及梅树山石等配饰贴于器壁，再适当加以修整，塑贴纹样凸于器表，以追求仿犀角杯浮雕装饰的效果。

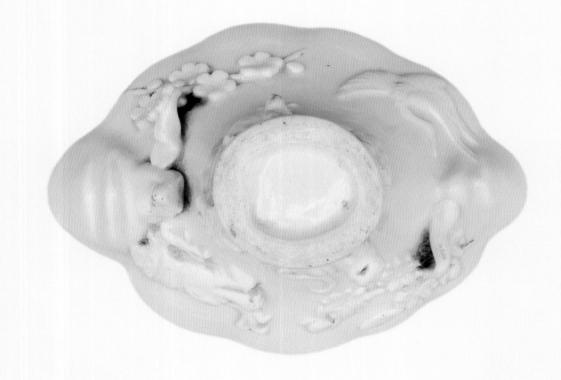

Blanc-de-Chine rhinoceros-horn-shaped cup with appliqué of dragon, tiger, crane and deer
From Ming Dynasty to Qing Dynasty, Height 8.6cm　mouth size 14cm×10cm　foot size 4.5cm×4cm, Collected in 1959

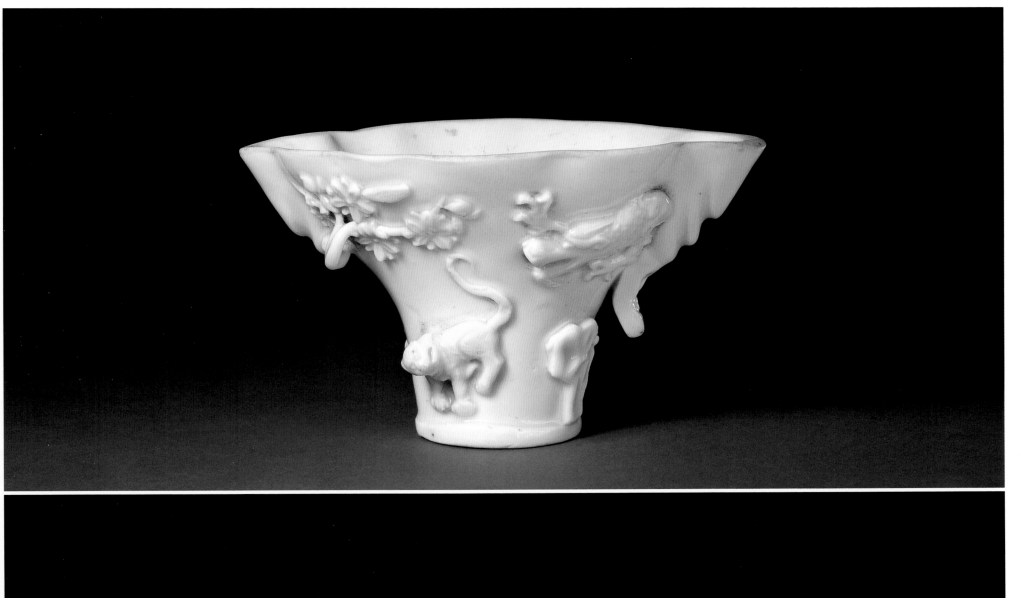

208 白釉塑贴龙虎鹤鹿纹犀角式杯

明至清
高 8.3 厘米　口径 14.5 厘米 ×10.8 厘米　足径 5 厘米 ×4.2 厘米
1959 年入藏

杯体椭圆形，口沿曲折，两角突出，深腹，圈足。里外施白釉，底满釉。釉质温润，釉色乳白。外壁正反两面分别塑贴龙、虎及鹤、鹿纹样，周边衬以山石、梅树，其中鹿纹旁边刻一"云"字。

德化窑塑贴动物形象的犀角式杯，纹样布局基本一致，如龙、鹤均在器壁两面的上部，下部则分别为虎、鹿，除龙、鹤形象基本固定外，虎的形式比较多样，动物形象多显得比较抽象。

Blanc-de-Chine rhinoceros-horn-shaped cup with appliqué of dragon, tiger, crane and deer
From Ming Dynasty to Qing Dynasty, Height 8.3cm mouth size 14.5cm×10.8cm foot size 5cm×4.2cm, Collected in 1959

209 白釉塑贴龙虎鹤鹿纹犀角式杯

明至清

高 5.5 厘米　口径 9.7 厘米 ×7.5 厘米　足径 3.4 厘米 ×3 厘米

1956 年入藏

杯体椭圆形，口沿曲折，两角突出，深腹，圈足。外壁两面分别塑贴龙、虎及鹤、鹿纹样，周边衬以山石、梅树。里外施白釉，釉质莹润，釉色乳白。底满釉。

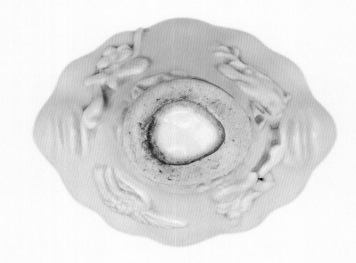

Blanc-de-Chine rhinoceros-horn-shaped cup with appliqué of dragon, tiger, crane and deer
From Ming Dynasty to Qing Dynasty, Height 5.5cm mouth size 9.7cm×7.5cm foot size 3.4cm×3cm, Collected in 1956

210 白釉塑贴龙虎鹤鹿纹犀角式杯

明至清

高 6 厘米 口径 11 厘米 ×6.1 厘米 足径 4 厘米 ×3.5 厘米

1958 年入藏

杯体椭圆形，口沿曲折，两角突出，深腹，圈足。外壁两面分别塑贴龙、虎及鹤、鹿纹样，周边衬以山石、梅树。里外施白釉，釉质莹润，釉色乳白。底满釉。

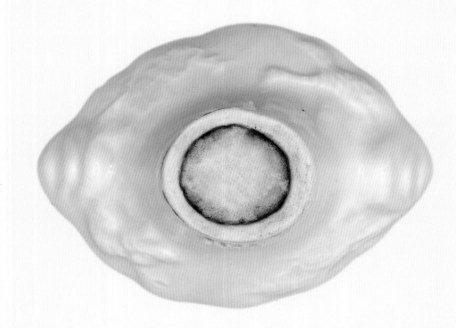

Blanc-de-Chine rhinoceros-horn-shaped cup with appliqué of dragon, tiger, crane and deer
From Ming Dynasty to Qing Dynasty, Height 6cm mouth size 11cm×6.1cm foot size 4cm×3.5cm, Collected in 1958

211 | 白釉塑贴龙虎鹤鹿纹犀角式杯

明至清

高 7.5 厘米　口径 13.5 厘米 ×10 厘米　足径 4.5 厘米 ×4 厘米

1959 年入藏

杯体椭圆形，口沿曲折，两角突出，深腹，圈足。里外施白釉，底满釉。釉质莹润，釉色微泛牙黄色。外壁一面塑贴一龙一虎，虎的两侧分刻"殿""荣"两字，另一面塑贴鹤、鹿，并刻一"屁"字，周边衬以山石、梅树。

德化窑白瓷犀角式杯在塑贴纹样之外，常见杯身刻有文字的制品，所刻文字多为后期使用时錾刻的，文字内容多样，其含义可能是代表制作者、物主、使用者或使用场所的记号。

Blanc-de-Chine rhinoceros-horn-shaped cup with appliqué of dragon, tiger, crane and deer
From Ming Dynasty to Qing Dynasty, Height 7.5cm　mouth size 13.5cm×10cm　foot size 4.5cm×4cm, Collected in 1959

212 | 白釉塑贴龙虎鹤鹿纹犀角式杯

明至清

高 7.3 厘米　口径 13.8 厘米 ×10.6 厘米　足径 5 厘米 ×4 厘米

1959 年入藏

杯体椭圆形，口沿曲折，两角突出，深腹，圈足。里外施白釉，底满釉。釉质滋润，釉色乳白。外壁一面塑贴一龙一虎，并有刻"木"字铭，另一面塑贴一鹤一鹿纹，周边衬以山石、花树。

Blanc-de-Chine rhinoceros-horn-shaped cup with appliqué of dragon, tiger, crane and deer
From Ming Dynasty to Qing Dynasty, Height 7.3cm　mouth size 13.8cm×10.6cm　foot size 5cm×4cm, Collected in 1959

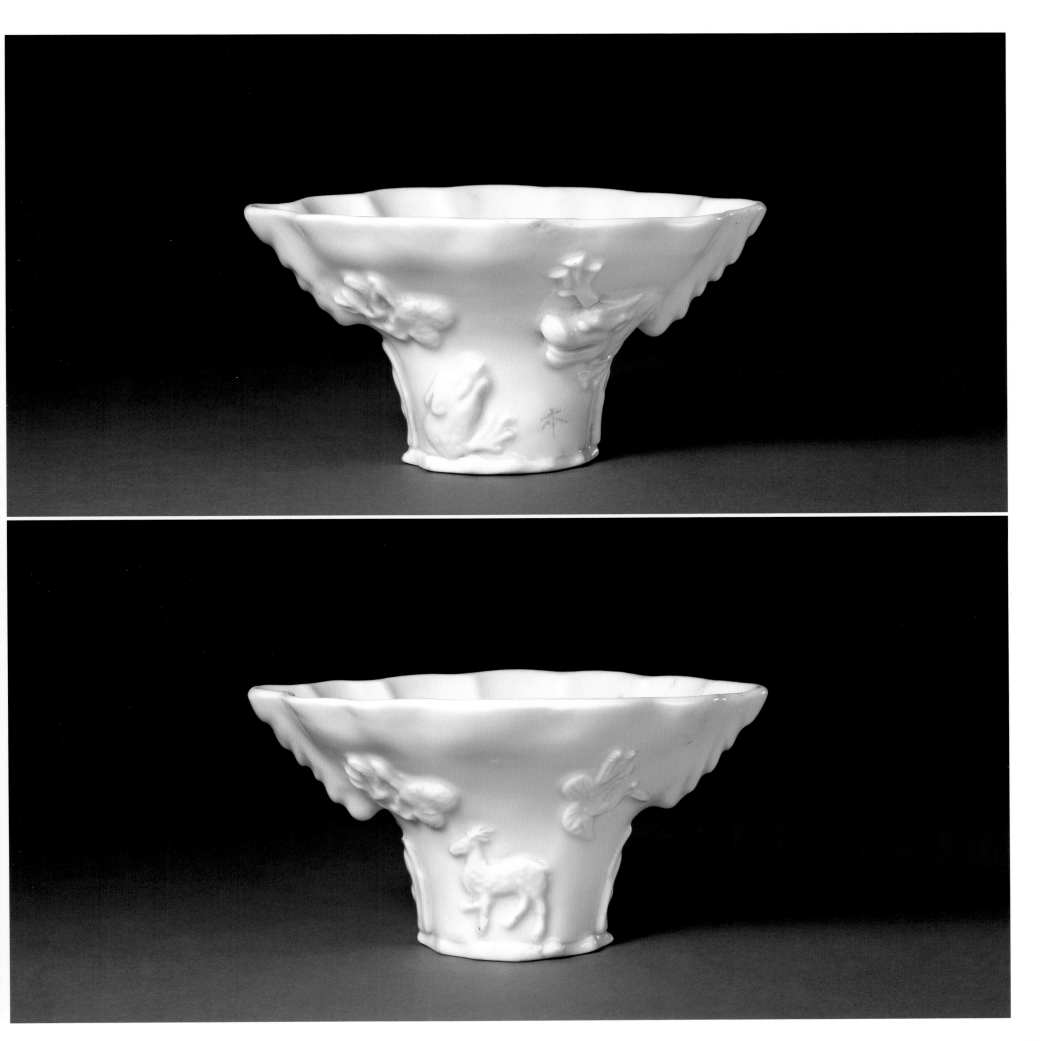

213 白釉塑贴双猴纹犀角式杯

明至清

高 4.2 厘米　口径 6.5 厘米 ×5.9 厘米　足径 3 厘米

1956 年入藏

杯体较圆，口沿曲折，深腹，平底。里外施白釉，底无釉，釉呈乳白色。外壁一面塑贴一大一小两猴对坐，口沿下塑贴花卉纹。

Blanc-de-Chine rhinoceros-horn-shaped cup with appliqué of two monkeys
From Ming Dynasty to Qing Dynasty, Height 4.2cm　mouth size 6.5cm×5.9cm　foot diameter 3cm, Collected in 1956

214 | 白釉塑贴人物梅花纹犀角式杯

明至清

高 9.8 厘米　口径 14.9 厘米 ×12.2 厘米　足径 5.5 厘米 ×4.8 厘米

1958 年入藏

杯体椭圆形，口沿曲折，两角突出，筒形深腹，圈足。里外施白釉，底满釉，釉呈乳白色。外壁一面塑贴一骑马官人，后面跟一举伞的侍从；另一面塑贴梅树，周边衬以山石、花树。

德化窑犀角式杯所贴纹样以各种动物形象最为常见，如龙、虎、鹤、鹿等，此杯塑贴人物纹样，形象生动，在传世品中相对比较少见。

Blanc-de-Chine rhinoceros-horn-shaped cup with appliqué of figures and plum flowers
From Ming Dynasty to Qing Dynasty, Height 9.8cm mouth size 14.9cm×12.2cm foot size 5.5cm×4.8cm, Collected in 1958

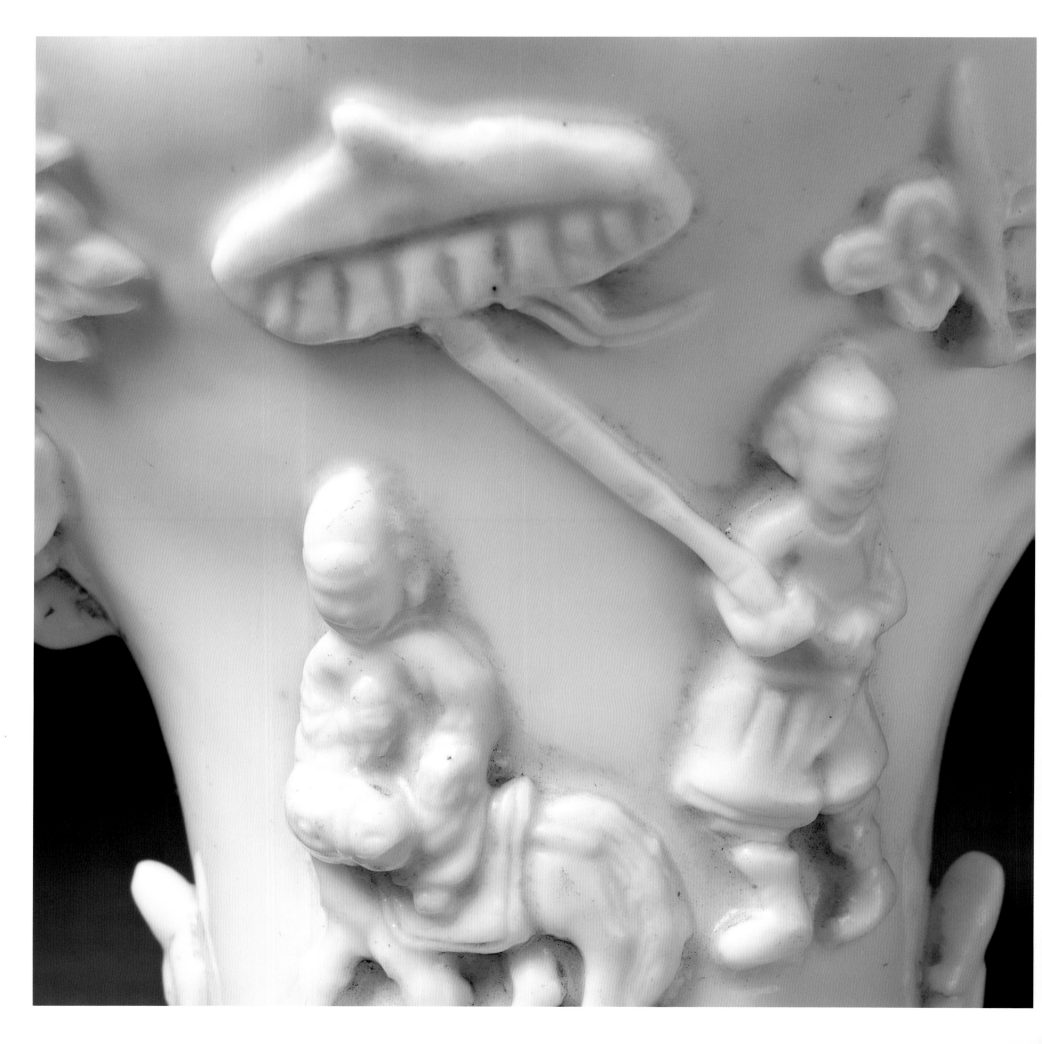

215 白釉塑贴折枝玉兰梅花纹八方斗式杯

明至清

高 6 厘米　口径 9.5 厘米 ×7.5 厘米　足径 4.3 厘米 ×4 厘米

1959 年入藏

杯体八方斗形，敞口，斜壁，平底下出四曲形柱足。里外施白釉，底满釉，釉色白中微泛牙黄色。外壁一面塑贴折枝玉兰、梅花纹，另一面刻划模印洞石花卉纹。

此杯造型规整秀美，外壁装饰综合运用了塑贴花、模印花和刻划花等多种技法，反映了明清德化窑白瓷装饰技法的多样性。

Blanc-de-Chine octagonal Dou-shaped cup with appliqué of disconnected sprays of magnolia and plum flower
From Ming Dynasty to Qing Dynasty, Height 6cm mouth size 9.5cm×7.5cm foot size 4.3cm×4cm, Collected in 1959

216 | 白釉刻诗句纹八方斗式杯

明至清

高 7 厘米　口径 11.5 厘米 ×9.7 厘米　足径 6 厘米 ×5.5 厘米

清宫旧藏

杯体八方斗形，敞口，斜壁，平底下出四短方柱足。通体施白釉，釉色白中微泛牙黄色。外壁一面刻草书五言绝句。

此杯原藏紫禁城内廷外西路寿康宫内。寿康宫为清代历朝太后、太妃等的居所。

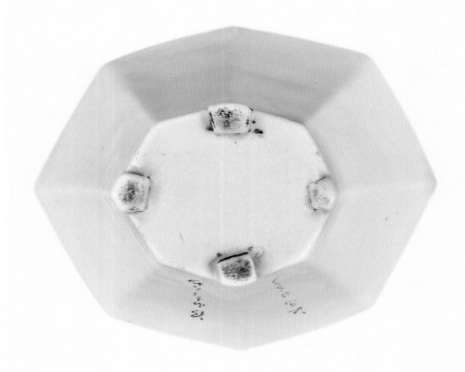

Blanc-de-Chine octagonal Dou-shaped cup with incised poetry design
From Ming Dynasty to Qing Dynasty, Height 7cm mouth size 11.5cm×9.7cm foot size 6cm×5.5cm, Collection of the Imperial Court of Qing Dynasty

217 | 白釉划花花卉纹八方斗式杯

明至清

高 6 厘米　口径 9.7 厘米 ×7.8 厘米　足径 4.5 厘米 ×3.5 厘米

1957 年入藏

杯体八方斗形，敞口，斜壁，平底下出短方柱足。通体施乳白色釉。外壁釉下饰划花花卉纹，因施釉较厚，纹饰略显模糊。

Blanc-de-Chine octagonal Dou-shaped cup with incised poetry design
From Ming Dynasty to Qing Dynasty, Height 6cm　mouth size 9.7cm×7.8cm　foot size 4.5cm×3.5cm, Collected in 1957

218 白釉刻划花琴鹤诗句纹乳足杯

明至清

高 6.8 厘米　口径 9 厘米 ×7.5 厘米

1958 年入藏

杯撇口，深腹，圜底，底下出三小乳足。通体施白釉，釉质莹润，釉色乳白。外壁一面釉下划花琴鹤纹，另一面刻草书"□承□笙状元郎"七言绝句。

乳足杯是传世明清德化窑杯类器中常见杯式之一，装饰多样，见有通体素面，或一面细划一琴一鹤，另一面刻诗文的产品。

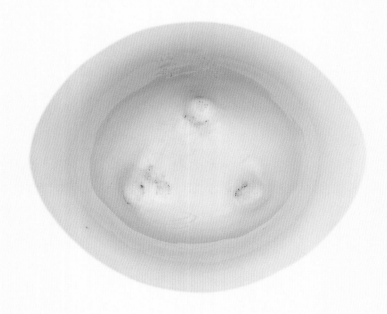

Blanc-de-Chine cup with mammillated feet and incised design of lute, crane and poetry
From Ming Dynasty to Qing Dynasty, Height 6.8cm　mouth size 9cm×7.5cm, Collected in 1958

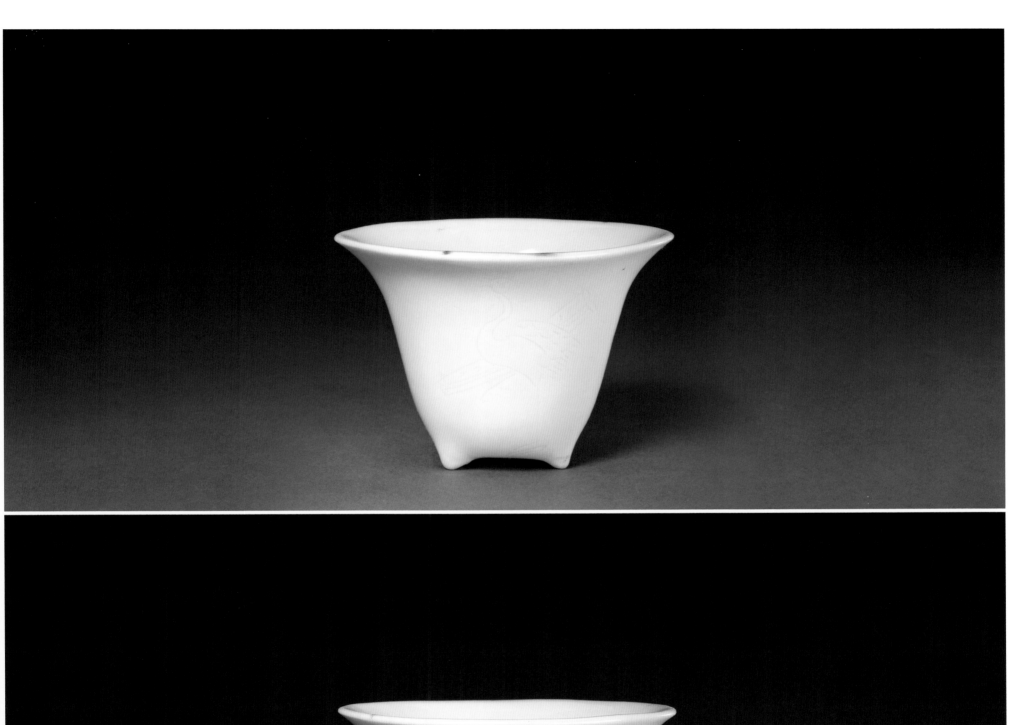

219 白釉子信款刻划花琴鹤诗句纹乳足杯

明至清
高 8.5 厘米　口径 13.5 厘米 ×10.5 厘米
1958 年入藏

杯撇口，深腹，圆底，底下出三小乳足。通体施白釉，釉面滋润，釉泛牙黄色。外壁一面釉下细划琴鹤纹，另一面刻草书"□□□□报春来"七言绝句，诗前刻一花叶，诗后钤"正"字方章。底满釉，外底心戳印阳文"子信"两字篆书方章款。

此杯外底模印"子信"篆书方章款是德化制瓷名家林子信所制瓷器上使用的印章款之一。林子信是晚明时期德化著名的制瓷艺人，尤善制作香炉、盘、杯、碟等祭礼器和实用器，作品造型古朴，线条洗练，装饰高雅，实用性与艺术性兼具，所制瓷器常模印"林子信制""林氏子信""子信"等篆书方章款识。

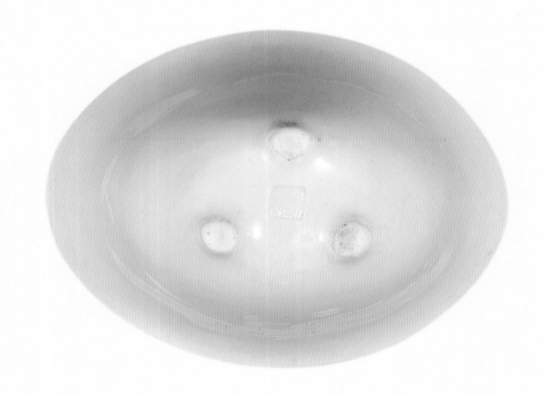

Blanc-de-Chine cup with mammillated feet and incised design of lute, crane and poetry and with mark of Zi Xin
From Ming Dynasty to Qing Dynasty, Height 8.5cm mouth size 13.5cm×10.5cm, Collected in 1958

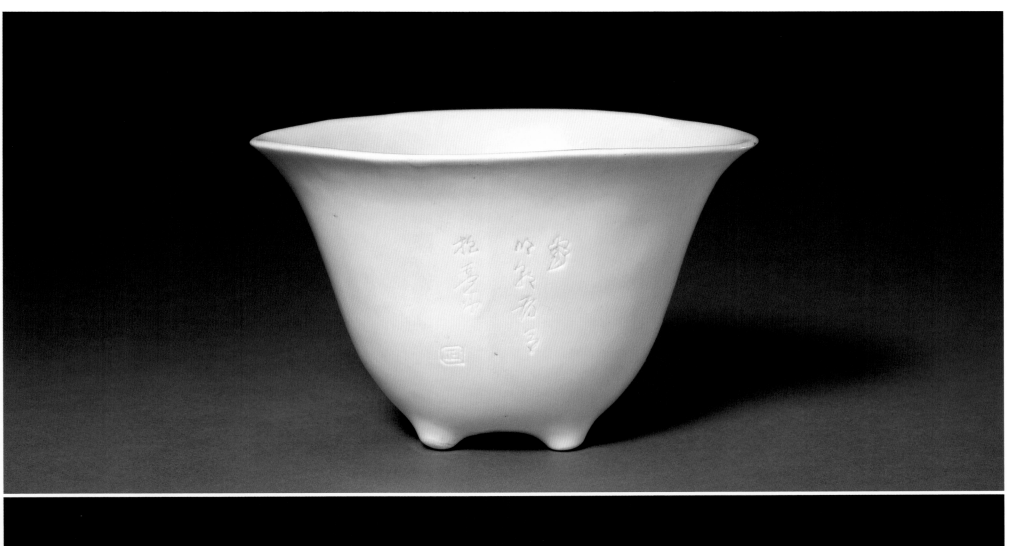

220 白釉夔龙耳杯

明至清

高 4 厘米　口径 8 厘米　足径 3.8 厘米

1963 年入藏

杯撇口圆唇，弧壁，圈足。外壁两侧饰对称夔龙耳。通体施白釉，釉质莹润，釉色白中泛黄。

此杯器形小巧秀美，通体光素，更显釉质之美。

Blanc-de-Chine cup with Kui-dragon-shaped handles
From Ming Dynasty to Qing Dynasty, Height 4cm mouth diameter 8cm foot diameter 3.8cm, Collected in 1963

221 白釉匜式把杯

明至清

高 4.5 厘米 口径 10 厘米 ×6.3 厘米

1959 年入藏

杯敞口，口沿一侧出流，另一侧置鋬把，圜底出三乳足。满施白釉，釉质温润，釉色白中泛黄。通体光素无纹。

此杯造型仿青铜匜。

Blanc-de-Chine Yi-shaped cup with a handle
From Ming Dynasty to Qing Dynasty, Height 4.5cm mouth size 10cm×6.3cm, Collected in 1959

222 | ## 白釉印花"卐"字纹匜式把杯

明至清

高 2.7 厘米　口径 7.5 厘米 ×5 厘米　足径 3 厘米 ×2.2 厘米

1958 年入藏

杯体椭圆形，撇口，深腹，圈足，一侧出錾把。通体施白釉，釉质滋润，釉色白中泛黄。外壁口沿下印回纹一周，腹壁满印"卐"字纹。

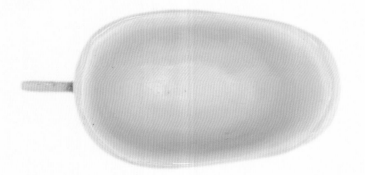 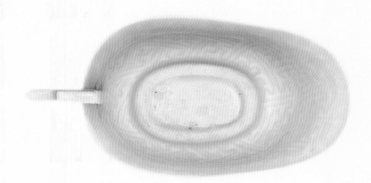

Blanc-de-Chine Yi-shaped cup with a handle and stamped design of "卐"
From Ming Dynasty to Qing Dynasty, Height 2.7cm　mouth size 7.5cm×5cm　foot size 3cm×2.2cm, Collected in 1958

223 │ 白釉杯（四件）

清
高 3.5 厘米　口径 7.7 ～ 7.9 厘米　足径 4 厘米
清宫旧藏

杯敞口，弧壁，圈足。里外施白釉，底满釉，釉色白中微泛青色。

故宫博物院目前所藏此类白釉小杯共计四件，为清代皇家宫苑承德避暑山庄或盛京皇宫内的成套日用器。

Blanc-de-Chine cups (four)
Qing Dynasty, Height 3.5cm mouth diameter 7.7-7.9cm foot diameter 4cm, Collection of the Imperial Court of Qing Dynasty

白釉杯

清

高 5.3 厘米　口径 6.6 厘米　足径 2.6 厘米

1957 年入藏

杯敞口，深腹渐敛，圈足。通体施白釉，底满釉。釉质莹润如脂，釉色乳白。

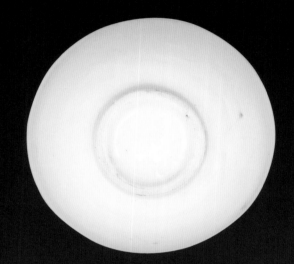

Blanc-de-Chine cup
Qing Dynasty, Height 5.3cm mouth diameter 6.6cm foot diameter 2.6cm, Collected in 1957

白釉印花花卉纹杯

清

高 6.5 厘米 口径 7.3 厘米 足径 3.7 厘米

清宫旧藏

杯撇口，深腹渐敛，圈足。通体施白釉，底满釉，釉色白中泛灰。外壁中间浅印花卉纹，下腹饰变形莲瓣纹。

此杯原藏紫禁城内廷外西路慈宁宫东跨院御用器库房内。

Blanc-de-Chine cup with stamped floral design
Qing Dynasty, Height 6.5cm mouth diameter 7.3cm foot diameter 3.7cm, Collection of the Imperial Court of Qing Dynasty

495

226 白釉塑贴折枝梅花纹杯

清

高 8.6 厘米　口径 12.5 厘米 ×10.2 厘米　足径 6.5 厘米 ×5.7 厘米

1959 年入藏

杯身椭圆形，撇口，深腹，圜底，下接梅树枝干形底托。通体施白釉，釉质温润，釉呈乳白色。外壁两面各贴一组折枝梅花，其中一面梅枝上花开两朵，另一面花枝分杈，四朵梅花盛开。

Blanc-de-Chine cup with appliqué of disconnected sprays of plum flowers

Qing Dynasty, Height 8.6cm　mouth size 12.5cm×10.2cm　foot size 6.5cm×5.7cm, Collected in 1959

227 白釉雅字款花瓣式杯

清

高 4 厘米　口径 5 厘米　足径 2.5 厘米

1958 年入藏

杯敞口，曲壁深腹呈花瓣形，圈足。里外施白釉，底满釉，釉色白中显青。外底心凸印"雅"字篆书方章款识。

Blanc-de-Chine flower-petal-shaped cup with mark of Ya

Qing Dynasty, Height 4cm　mouth diameter 5cm　foot diameter 2.5cm, Collected in 1958

228 | 白釉葵花式杯

清

高 4.3 厘米　口径 8.4 厘米　足径 3.3 厘米

1958 年入藏

杯葵花式花口，深腹，圈足。里外施白釉，底满釉，釉色白中显青色。外壁上部器表凹凸不一。

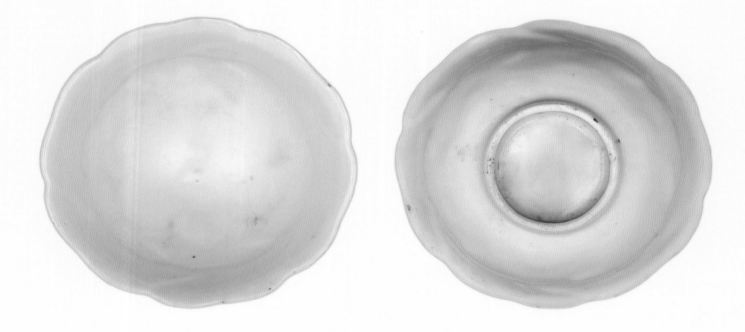

Blanc-de-Chine sunflower-shaped cup
Qing Dynasty, Height 4.3cm mouth diameter 8.4cm foot diameter 3.3cm, Collected in 1958

229 白釉模印花卉纹玉兰花式杯

清

高 5.2 厘米　口径 9.2 厘米　足径 4.2 厘米

1963 年入藏

杯呈一朵盛开的玉兰花，花口，深腹，圈足。里外施白釉，釉微泛牙黄色。外壁凸印花叶纹，外底模印花蕊及枝梗。

Blanc-de-Chine magnolia-shaped cup with molded floral design
Qing Dynasty, Height 5.2cm　mouth diameter 9.2cm　foot diameter 4.2cm, Collected in 1963

230 | 白釉模印花卉纹荷叶式杯

清

高 4 厘米　口径 7.5 厘米 ×6.5 厘米　底径 4.5 厘米

1955 年入藏

杯体近椭圆形，花口，口沿一侧出流，深腹，平底。里外施白釉，底满釉，釉色白中泛青色。外壁一侧堆贴花梗，器壁满布花叶花脉纹。

Blanc-de-Chine lotus-leaf-shaped cup with molded floral design
Qing Dynasty, Height 4cm　mouth size 7.5cm×6.5cm　bottom diameter 4.5cm, Collected in 1955

231 | 白釉八方斗式杯

清

高 4 厘米　口径 6.4 厘米 ×5.5 厘米　足径 3 厘米 ×2.7 厘米

1958 年入藏

杯体八方斗形，敞口，斜壁，平底下出四短柱足。里外施白釉，底满釉，釉质细润，釉色白中微泛青色。

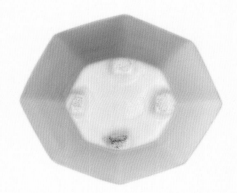

Blanc-de-Chine octagonal Dou-shaped cup
Qing Dynasty, Height 4cm mouth size 6.4cm×5.5cm foot size 3cm×2.7cm, Collected in 1958

白釉模印八仙人物纹八方斗式杯

清

高 4.3 厘米　口径 7.4 厘米 ×6.3 厘米　足径 4.3 厘米 ×4 厘米

1955 年入藏

杯体八方斗形，敞口，斜壁，平底下出四短足。里外施白釉，底满釉，釉色洁白。外壁八面模印八仙人物纹。

　　明清德化窑此类带模印纹饰的杯类器制作工艺是使用刻好阴文纹饰的印模一次模印成器，模印纹饰清晰精美程度取决于印模的精度及制作工艺的精细水平。此杯所印人物纹微凸于器表，虽尚可辨认出纹样为八仙人物，但人物面目不清。

Blanc-de-Chine octagonal Dou-shaped cup with molded design of the Eight Immortals

Qing Dynasty, Height 4.3cm　mouth size 7.4cm×6.3cm　foot size 4.3cm×4cm, Collected in 1955

233 白釉模印折枝花卉纹八方公道杯

清

高 4.2 厘米　口径 8.3 厘米 ×7.3 厘米　足径 4 厘米 ×3 厘米

1955 年入藏

杯八方形，撇口，斜壁，圈足，足底开有一孔。通体施白釉，釉色白中泛灰青色，釉质莹润。外壁八面各模印折枝花卉纹；里塑一人物，人物头顶略高于口沿。

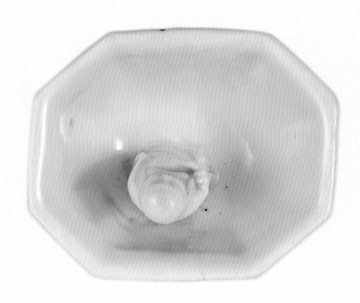

Blanc-de-Chine octagonal fair cup with molded design of disconnected sprays of flowers

Qing Dynasty, Height 4.2cm　mouth size 8.3cm×7.3cm　foot size 4cm×3cm, Collected in 1955

白釉模印龙纹花式公道杯

清

高 4 厘米　口径 10 厘米 ×7 厘米　足径 5 厘米 ×4.4 厘米

1955 年入藏

　　杯曲壁花瓣形，撇口，浅壁，圈足，底开有一孔。外壁模印一行龙盘绕于器身。里心塑一立体人物，人物头顶略高于口沿。通体施白釉，釉色白中泛灰青色，釉质莹润。

　　公道杯又称"平心杯"，是我国古代用于饮酒的一种特殊杯式，瓷质公道杯古已有之，流行于明清两代，其中以德化窑产白釉公道杯最具特色，诚如清末民初陈浏《陶雅》中所记："建瓷于碗内作人立形，其陆鸿渐耶？下有小孔，酒满则漏去，曰平心碗也。"此杯里心所立人像内有空心管道通于杯底小孔，它利用物理学中的虹吸原理，倒酒至杯中时，酒水高至人像胸口部位就要停止注酒，否则酒水就会从杯底全部泄出，这样既可以在古人宴酒时保证饮酒量的所谓公平，又有表达古人满损歉益的教化作用。

Blanc-de-Chine flower-shaped fair cup with molded dragon design
Qing Dynasty, Height 4cm　mouth size 10cm×7cm　foot size 5cm×4.4cm, Collected in 1955

235 | 白釉葵花式公道杯

清

高 5 厘米　口径 7.5 厘米　足径 3 厘米

1959 年入藏

杯花口，外壁曲折呈葵瓣花形，圈足。里外施白釉，底满釉。釉色乳白，白中泛黄。杯里塑一立体人物，人物头顶略高于口沿。

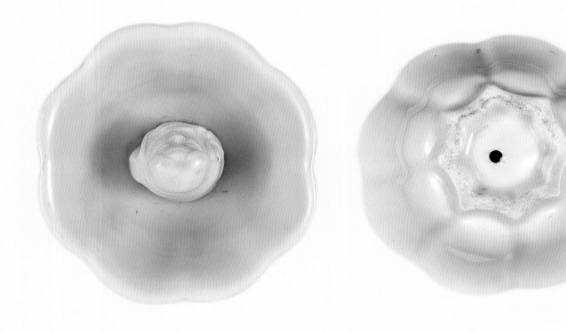

Blanc-de-Chine sunflower-shaped fair cup

Qing Dynasty, Height 5cm mouth diameter 7.5cm foot diameter 3cm, Collected in 1959

236 | 白釉模印莲瓣纹莲花式公道杯

清

高 5.5 厘米　口径 8.5 厘米　足径 4 厘米

1958 年入藏

杯体五瓣莲花式，撇口，斜壁，圈足，底开有一孔。通体施白釉，釉色白中泛灰青色，釉质莹润。外壁下腹模印变形莲瓣纹一周。杯里塑一立体人物，人物头顶高于口沿。

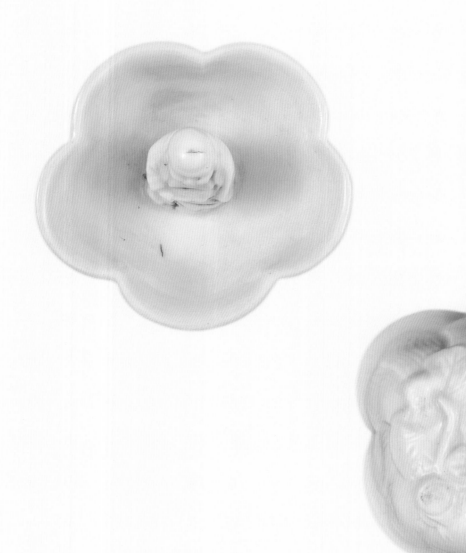

Blanc-de-Chine lotus-shaped fair cup with molded design of lotus-petals
Qing Dynasty, Height 5.5cm　mouth diameter 8.5cm　foot diameter 4cm, Collected in 1958

白釉竹节式箫

明

长 56 厘米　口径 2.1 厘米　底径 1.3 厘米

清宫旧藏

箫竹节式，上端吹口饰"卍"字纹装饰，器身两侧共有六个音孔，五个音孔在上，一个音孔在下。通体施白釉，釉质莹润。

此箫原藏紫禁城养心殿之西梢间三希堂内。养心殿是紫禁城内廷西六宫南部的一所独立宫殿院落，明嘉靖时期兴建，初为皇帝的便殿。清代自雍正朝开始直到清末，一直为皇帝的正寝之宫和处理日常政务及接见大臣之所，堪称清王朝实际上的政治决策中心。三希堂则是紫禁城内最著名的皇帝书房之一，因乾隆帝将宫中所藏稀世之珍王羲之《快雪时晴贴》、王献之《中秋帖》和王珣《伯远帖》收藏于此而得名，可见这件德化窑瓷箫也应是清代皇帝的珍赏之物。

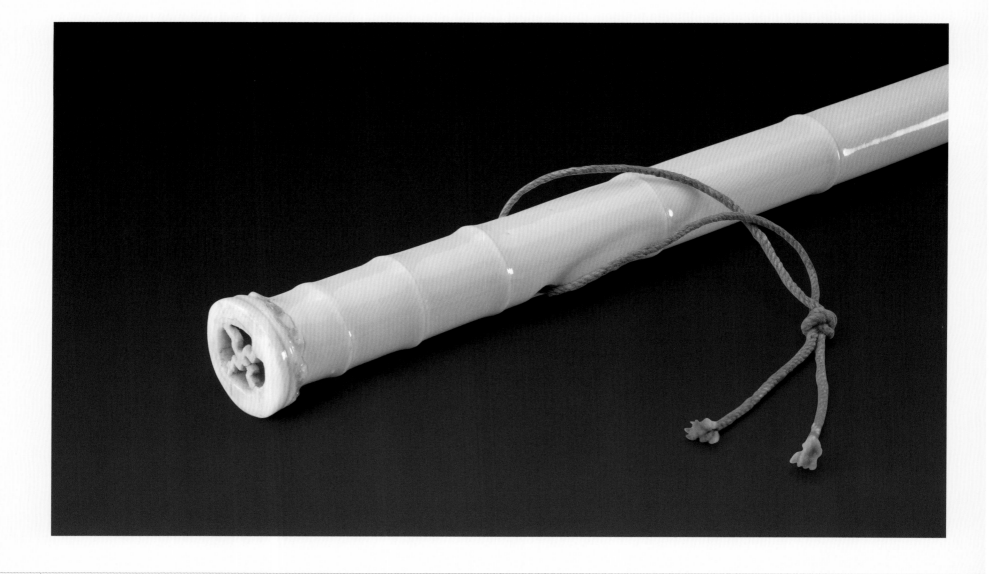

Blanc-de-Chine bamboo-shaped flute

Ming Dynasty, Length 56cm　mouth diameter 2.1cm　bottom diameter 1.3cm, Collection of the Imperial Court of Qing Dynasty

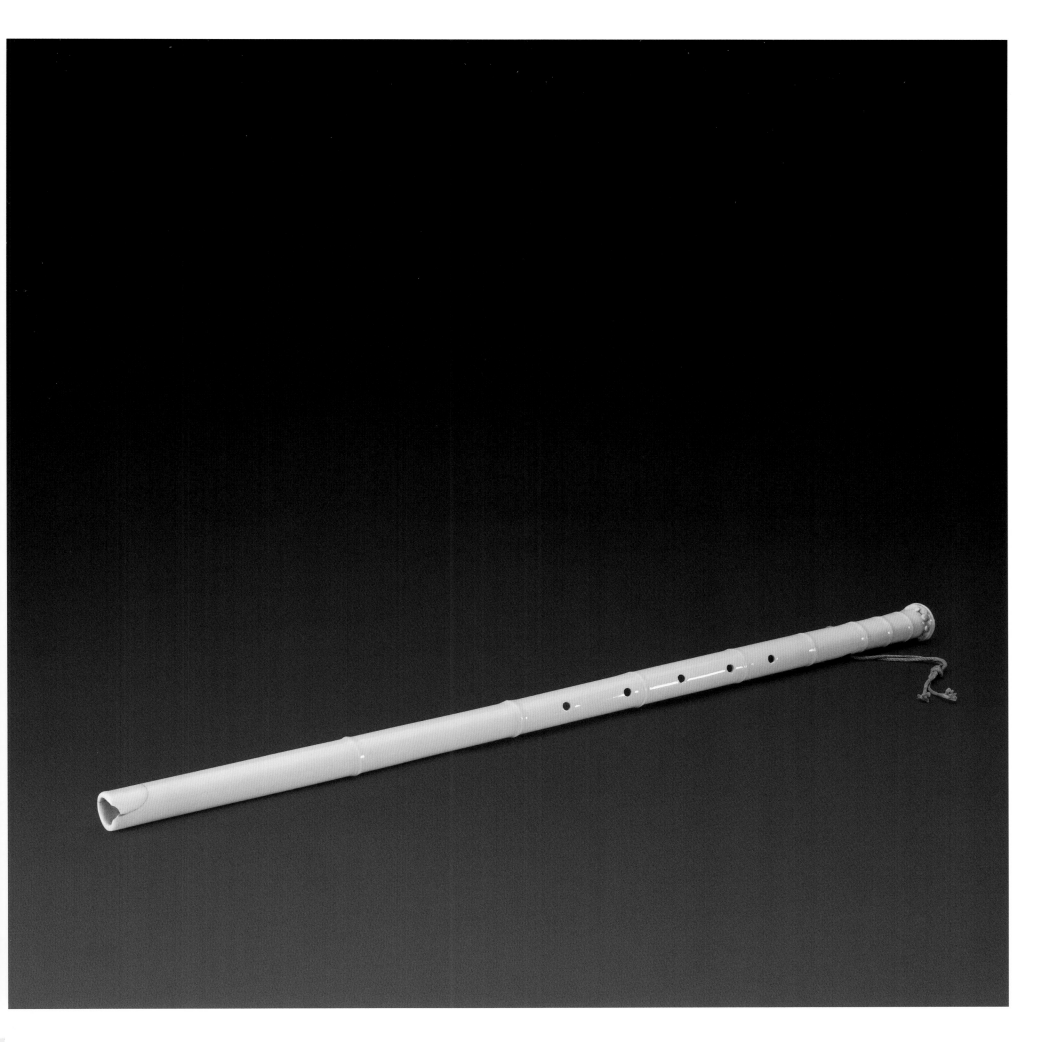

238 | 白釉竹节式箫

明

长 57 厘米　口径 2.1 厘米　底径 1.3 厘米

清宫旧藏

箫竹节式，上端吹口饰钱纹装饰，器身五个音孔在上，一个音孔在下，釉质莹润洁白。

　　箫是我国古代一种有着悠久历史的吹奏乐器，有单管洞箫和多管排箫之分，音色圆润典雅，适于独奏和重奏。其中单管的洞箫多为竹质，吹口在上端，音孔数为前五后一的六孔箫。德化窑白瓷箫亦仿竹式样，是罕见的见诸文献记载的瓷质乐器。清人周亮工著《闽小记》中曾评论德化窑瓷箫："色莹白，式亦精好，但累百枝无一二合调者，合者声凄朗，远出竹上。"此器是两件传世清宫旧藏德化窑瓷箫之一，原藏清代皇家宫苑承德避暑山庄或盛京皇宫内。

Blanc-de-Chine bamboo-shaped flute
Ming Dynasty, Length 57cm mouth diameter 2.1cm bottom diameter 1.3cm, Collection of the Imperial Court of Qing Dynasty

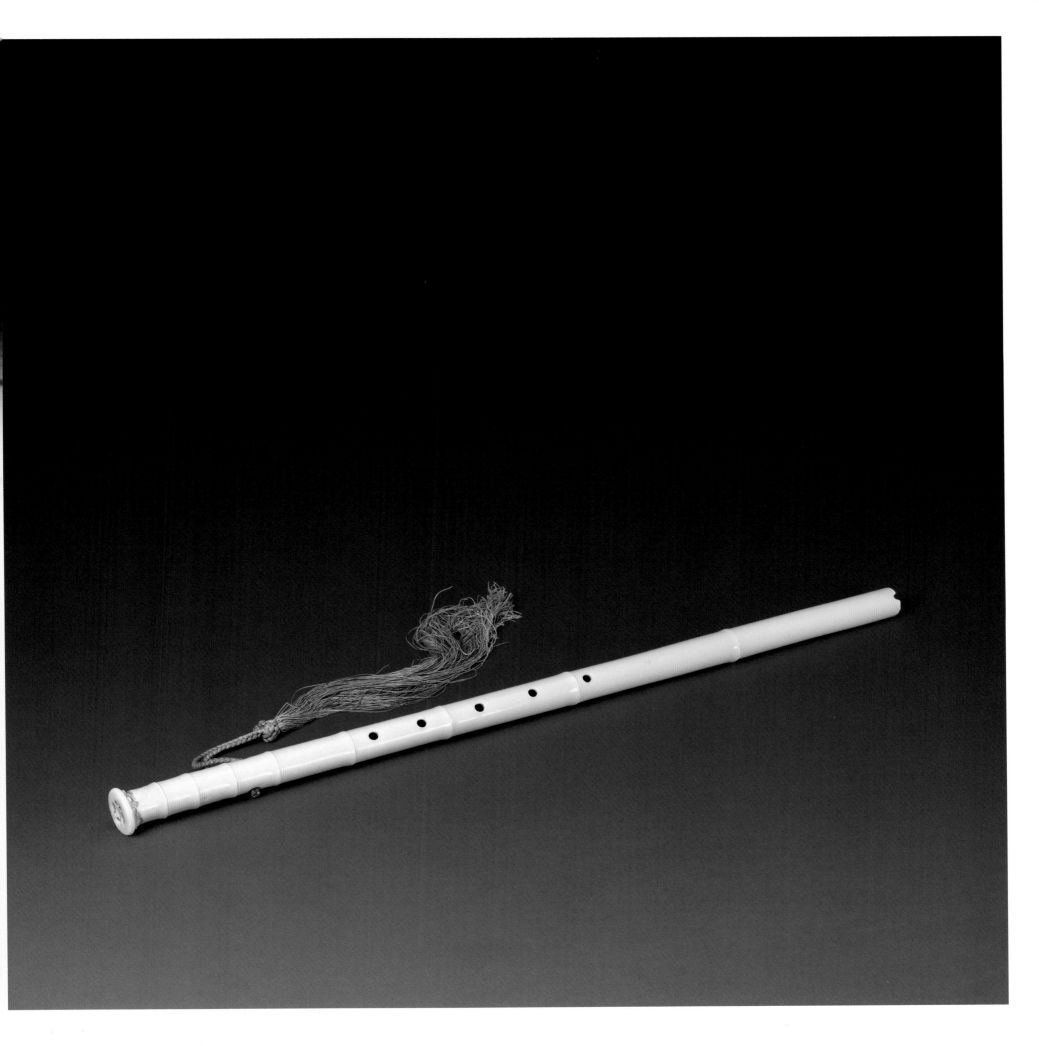

239 白釉刻诗句纹笔筒

明至清

高 13 厘米　口径 9.5 厘米　足径 8 厘米

1958 年入藏

笔筒圆筒形，口微侈，深腹，圈足。通体施白釉，釉色白中微泛牙黄色。外壁一面釉下刻草书"诗□□□，字是文章日新"，落"石子"题名。

明清德化窑白瓷喜用文字装饰，多见于杯、碗、盘、炉、笔筒等器物之上，文字内容有诗句、格言、警句、民谚、俗语等，书体多样，以草书最为常见。文字多直接刻于釉下胎体上，有些器物在刻字处加填深色瓷泥使文字突出。由于制作工匠文化水平不一，刻字多比较潦草，加之先刻文字再施釉烧成，釉层厚或釉面失透，使得许多文字不容易解读。

Blanc-de-Chine brush holder with incised poetry design
From Ming Dynasty to Qing Dynasty, Height 13cm mouth diameter 9.5cm foot diameter 8cm, Collected in 1958

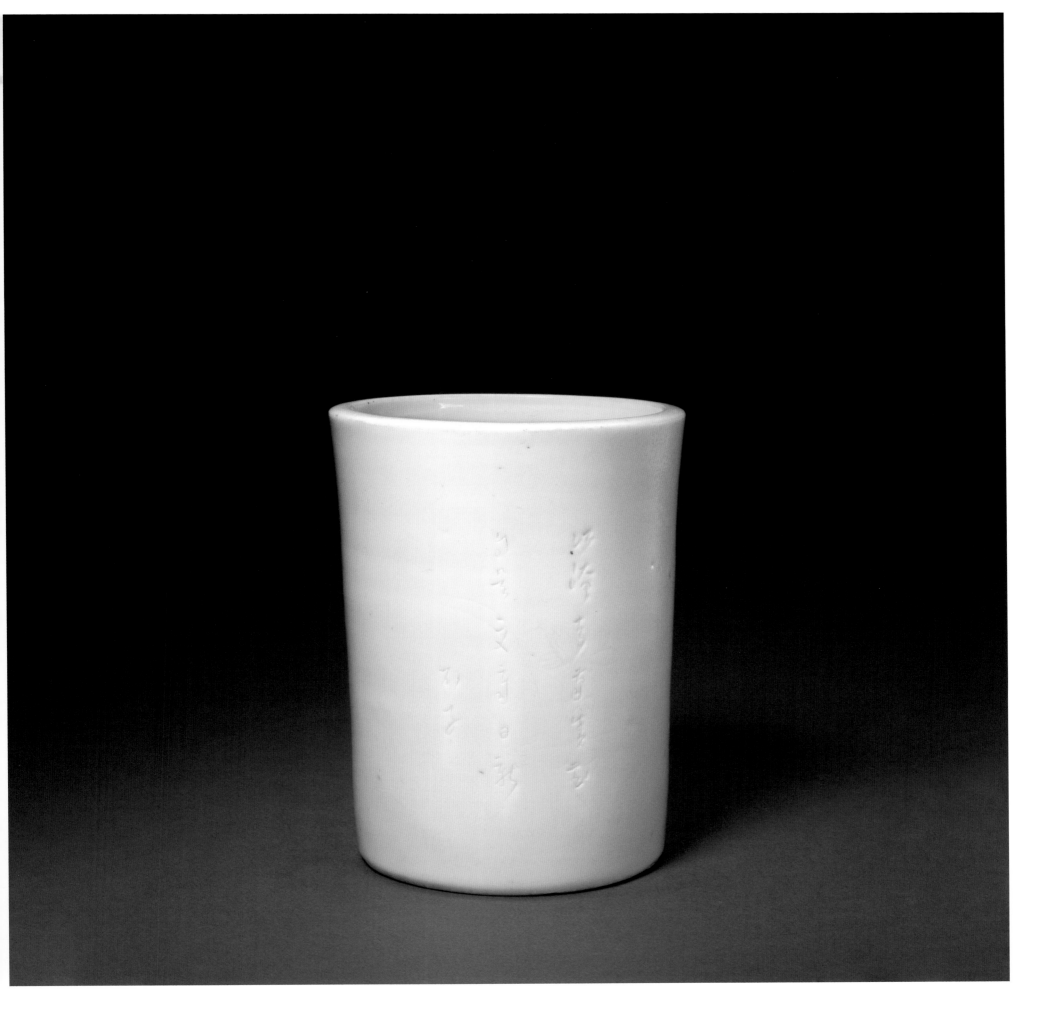

240 | 白釉镂雕花卉纹笔筒

明至清

高 15.3 厘米　口径 10 厘米　足径 10 厘米

1957 年入藏

笔筒圆筒形，口底相若，深直腹，圈足。通体施白釉，釉泛牙黄色。外壁镂雕菊花和花叶纹。

镂雕，又称"镂空"，是明代德化窑创制的一种装饰技法，其制作工艺是在半干的坯体上先画好纹饰，然后以刻刀将纹饰之外的胎体去掉，形成通透效果。

Blanc-de-Chine brush holder with design of flowers in openwork
From Ming Dynasty to Qing Dynasty, Height 15.3cm　mouth diameter 10cm　foot diameter 10cm, Collected in 1957

白釉镂雕花叶纹笔筒

明至清

高 14 厘米　口径 9.3 厘米　足径 8.6 厘米

1965 年入藏

笔筒筒形，口底相若，深直腹，圈足。通体施白釉，釉泛牙黄色。外壁镂雕花叶纹。

Blanc-de-Chine brush holder with design of flowers and leaves in openwork
From Ming Dynasty to Qing Dynasty, Height 14cm mouth diameter 9.3cm foot diameter 8.6cm, Collected in 1965

242 白釉清制款笔筒

清

高 12 厘米　口径 12.3 厘米　足径 9 厘米

1959 年入藏

笔筒圆筒形，侈口，深腹渐敛，圈足。通体施白釉，釉色白中泛青色。外底心戳印"清制"二字篆书方章款。

Blanc-de-Chine brush holder with mark of Qing Zhi
Qing Dynasty, Height 12cm mouth diameter 12.3cm foot diameter 9cm, Collected in 1959

243 白釉刻永嘉砖文笔筒

清

高 7.5 厘米　口径 9.5 厘米　足径 9 厘米

1958 年入藏

笔筒圆筒形，敞口，深腹渐敛，圈足。里外施白釉，底无釉，釉色白中泛灰青色。外壁上下印回纹边饰，腹壁仿刻西晋永嘉砖文"大吉阳宜侯王富贵昌，永嘉"文后竖写"抚晋永嘉砖文"。

砖文是我国古代建筑用砖上所刻写的文字，主要流行于西汉至魏晋时期，其书体自由，内容丰富，除纪年文字外，多为吉祥语句等，砖文是了解中国古代文字书法变迁的有效途径之一，也被后人视为研究书法篆刻的范本。

Blanc-de-Chine brush holder with incised design of unique Chinese characters
Qing Dynasty, Height 7.5cm mouth diameter 9.5cm foot diameter 9cm, Collected in 1958

244 白釉印花回纹水丞

明至清

高 4.5 厘米　口径 7 厘米　足径 7 厘米

1958 年入藏

水丞敞口，溜肩，扁腹，圈足。里外施白釉，底满釉，釉泛牙黄色。外壁肩部釉下浅印回纹一周。

Blanc-de-Chine water container with stamped meandering patterns
From Ming Dynasty to Qing Dynasty, Height 4.5cm mouth diameter 7cm foot diameter 7cm, Collected in 1958

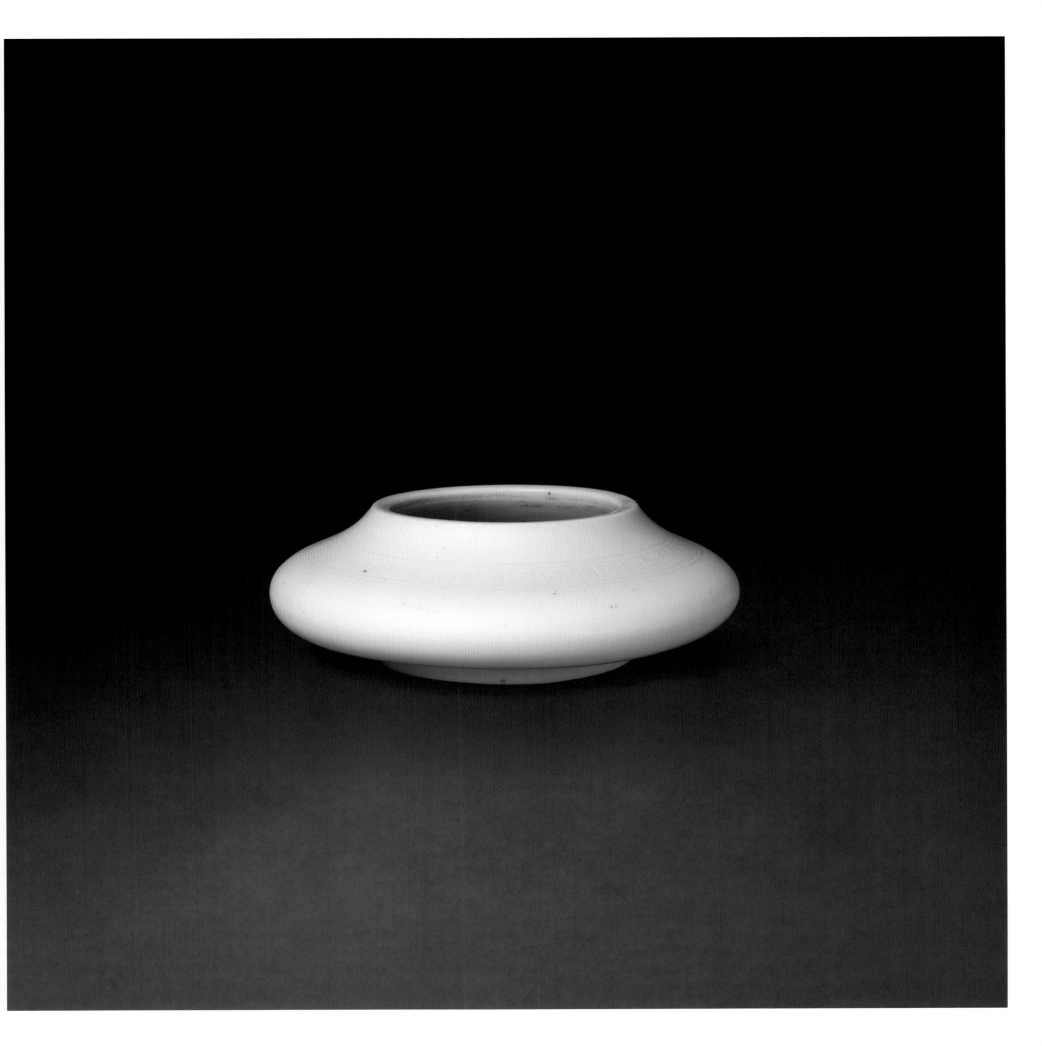

245 白釉成化年制款划花暗八仙纹水丞

明至清

高 7.7 厘米　口径 11.5 厘米　足径 12 厘米

1958 年入藏

水丞敞口，粗颈，溜肩，鼓腹，二层台式圈足。里外施白釉，底满釉，釉色白中略泛牙黄色。外壁釉下细划暗八仙纹，底心刻"成化年制"四字楷书款。

暗八仙纹系相对于八仙纹而言，它是指纹样中不出现具体的人物形象，而是以八仙的手持物来表现，扇子代表钟离权，渔鼓代表张果老，横笛代表韩湘子，葫芦代表李铁拐，阴阳板代表曹国舅，宝剑代表吕洞宾，花篮代表蓝采和，莲花代表八仙姑等，是明清时期瓷器上流行的纹样题材之一。

Blanc-de-Chine water container with incised design of emblems of the Eight Immortals and mark of Chen Hua Nian Zhi
From Ming Dynasty to Qing Dynasty, Height 7.7cm　mouth diameter 11.5cm　foot diameter 12cm, Collected in 1958

246 白釉刻花山水纹水丞

明至清

高 5.2 厘米　口径 3.2 厘米　足径 4.5 厘米

清宫旧藏

水丞敞口，溜肩，深腹，腹下外撇，圈足。里外施白釉，底满釉，釉泛牙黄色。外壁釉下刻划山水纹。

此器原藏紫禁城内廷外西路之宁寿宫内。宁寿宫为康熙二十八年（1689 年）在明代仁寿殿、哕鸾宫基址上改建而来，规制仿坤宁宫，乾隆时期曾预作为乾隆皇帝归政之后的寝宫。

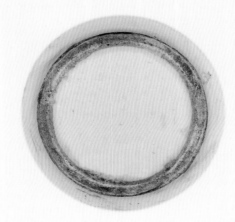

Blanc-de-Chine water container with incised scenery design
From Ming Dynasty to Qing Dynasty, Height 5.2cm mouth diameter 3.2cm foot diameter 4.5cm, Collection of the Imperial Court of Qing Dynasty

| # 白釉蟹式水注
明

高 5 厘米　长 16 厘米　宽 11 厘米　足径 9 厘米 ×5 厘米
1958 年入藏

水注椭圆盘式底托，盘内塑贴一只海蟹，托前出弯流，蟹尾连花瓣形入水口，圈足。通体施白釉，底无施。

明清时期的德化窑工匠充分利用德化瓷土软而细腻，可塑性强的特性，生产了许多动植物、人物题材的瓷塑类文房用具。此洗所塑海蟹腹可储水，前有注流，后有水口，意趣生动。

Blanc-de-Chine crab-shaped water dropper
Ming Dynasty, Height 5cm　length 16cm　width 11cm　foot size 9cm×5cm, Collected in 1958

白釉塑贴蟹纹花式水注

明至清
高 4.2 厘米　口径 8.5 厘米 ×8.2 厘米
1957 年入藏

水注敞口，花瓣式曲壁，底下承三乳足。里心塑贴一小海蟹，器身一侧贴叶梗形注流。里外施白釉，釉色纯正洁白。

此器造型设计巧妙，里心塑贴海蟹的下部为出水孔，外壁注流与水孔相接，别具匠心。

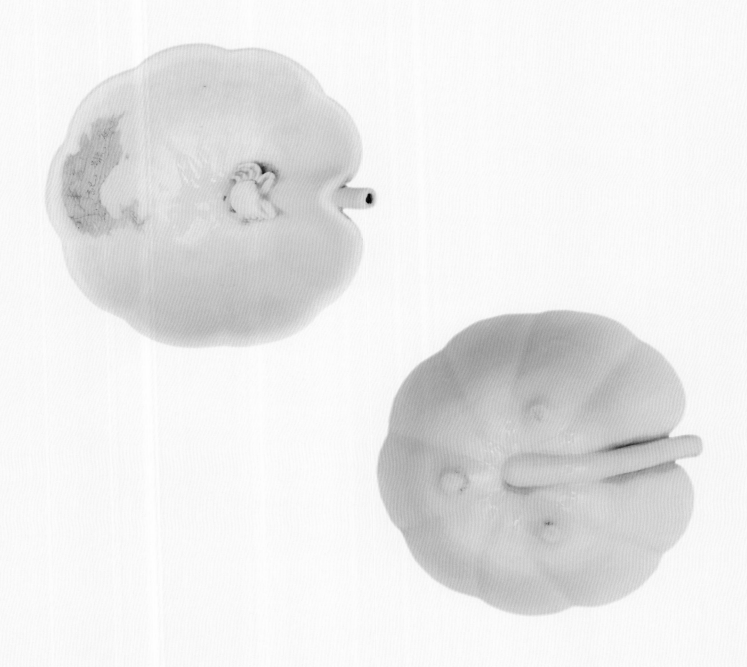

Blanc-de-Chine flower-shaped water dropper with appliqué of crab
From Ming Dynasty to Qing Dynasty, Height 4.2cm mouth size 8.5cm×8.2cm, Collected in 1957

白釉拙斋款刻花花卉纹砚

明至清

高 1.7 厘米　长 9.2 厘米　宽 6 厘米

1958 年入藏

砚长方体，面一侧为圆形砚池。面及四壁施白釉，砚池及底无釉，釉色白中泛青色。面一侧凸刻花卉纹装饰。外底一侧戳印"拙斋"篆书方章款。

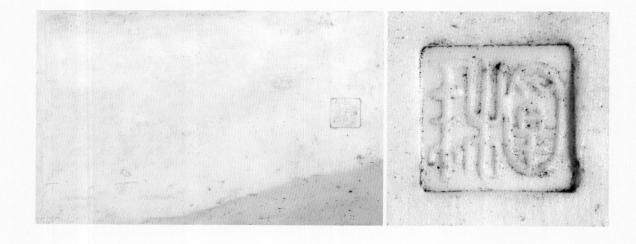

Blanc-de-Chine ink slab with incised floral design and mark of Zhuo Zhai
From Ming Dynasty to Qing Dynasty, Height 1.7cm　length 9.2cm　width 6cm, Collected in 1958

250 | 白釉荷叶式洗

明

高 3.2 厘米　口径 10.8 厘米 ×8.7 厘米

1955 年入藏

洗造型似一片水中摇曳的荷叶，叶边微卷，叶心凹下，叶脉由里心向四周延伸，外壁一侧口沿下塑贴两枝自然生长的叶梗，一梗连入叶心，一梗在叶背伸展，头连三片花叶，叶梗与洗底一侧凸起的乳足共同构成器物的底部支撑，可谓别具匠心。通体施白釉，釉质莹润，釉色纯正。

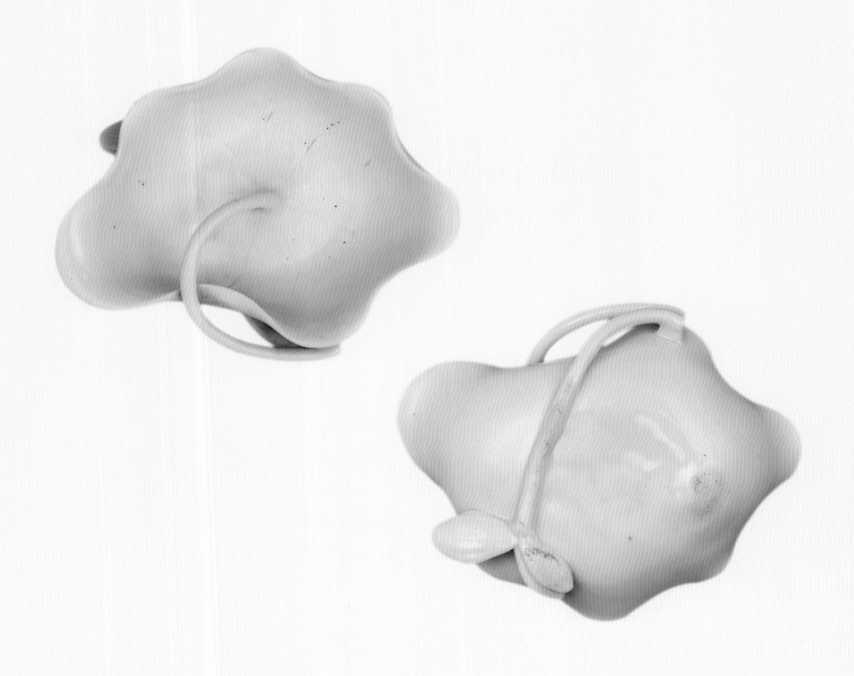

Blanc-de-Chine lotus-leaf-shaped washer
Ming Dynasty, Height 3.2cm　mouth size 10.8cm×8.7cm, Collected in 1955

| **白釉成化年制款三足洗**
明
高 6 厘米　口径 19.2 厘米
1958 年入藏

洗敞口，深腹微敛，平底，下承三长方形柱足。里外施白釉，釉色纯正。外底中心无釉并戳印"成化年制"四字篆书方章伪托款，款识字体模糊不清。

此洗造型规整，胎厚体重，釉质纯净滋润，充分展现了德化窑白釉温润如玉的质感。

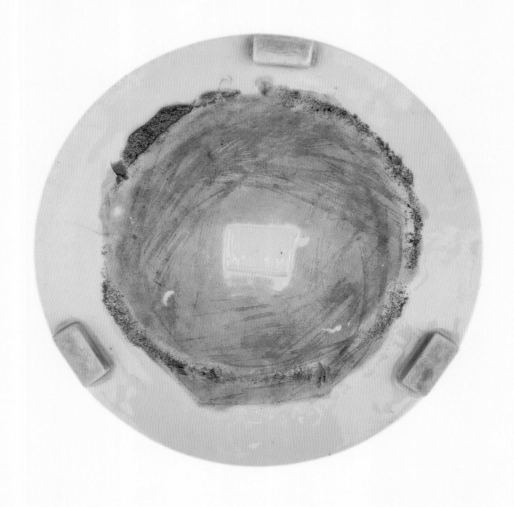

Blanc-de-Chine washer with three legs and mark of Chen Hua Nian Zhi
Ming Dynasty, Height 6cm　mouth diameter 19.2cm, Collected in 1958

白釉刻花双鱼纹洗

明至清

高 7.7 厘米　口径 29 厘米　足径 22 厘米

1964 年入藏

洗敞口，折沿，深腹，内凹式圈足。里外施白釉，底无釉，釉色洁白纯正。里心釉下饰刻花双鱼纹，因釉层较厚，纹饰线条刻划较浅，纹样显得不够清晰。

Blanc-de-Chine washer with incised design of pair fish
From Ming Dynasty to Qing Dynasty, Height 7.7cm mouth diameter 29cm foot diameter 22cm, Collected in 1964

白釉洗

清

高 3.2 厘米　口径 18 厘米　底径 17 厘米

1962 年入藏

洗敞口，直壁，平底，曲尺式圈足。胎质细腻坚致，胎色泛黄。里外施白釉，底无釉，釉色白中微泛牙黄色。

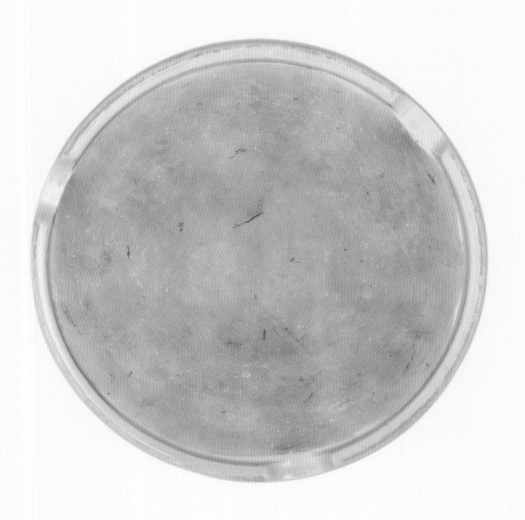

Blanc-de-Chine washer

Qing Dynasty, Height 3.2cm mouth diameter 18cm bottom diameter 17cm, Collected in 1962

254 | 白釉椭圆洗

清

高 3 厘米　口径 19.7 厘米 ×16.2 厘米　底径 18.6 厘米 ×15 厘米

清宫旧藏

洗敞口，浅壁，平底，底下四出墙足。里外施白釉，底无釉。釉质滋润，釉色纯正。

此洗原陈设于紫禁城内廷西六宫之太极殿内。太极殿明永乐十八年（1420 年）建，是明清两代后妃的居所。

Blanc-de-Chine oval washer

Qing Dynasty, Height 3cm　mouth size 19.7cm×16.2cm　bottom size 18.6cm×15cm, Collection of the Imperial Court of Qing Dynasty

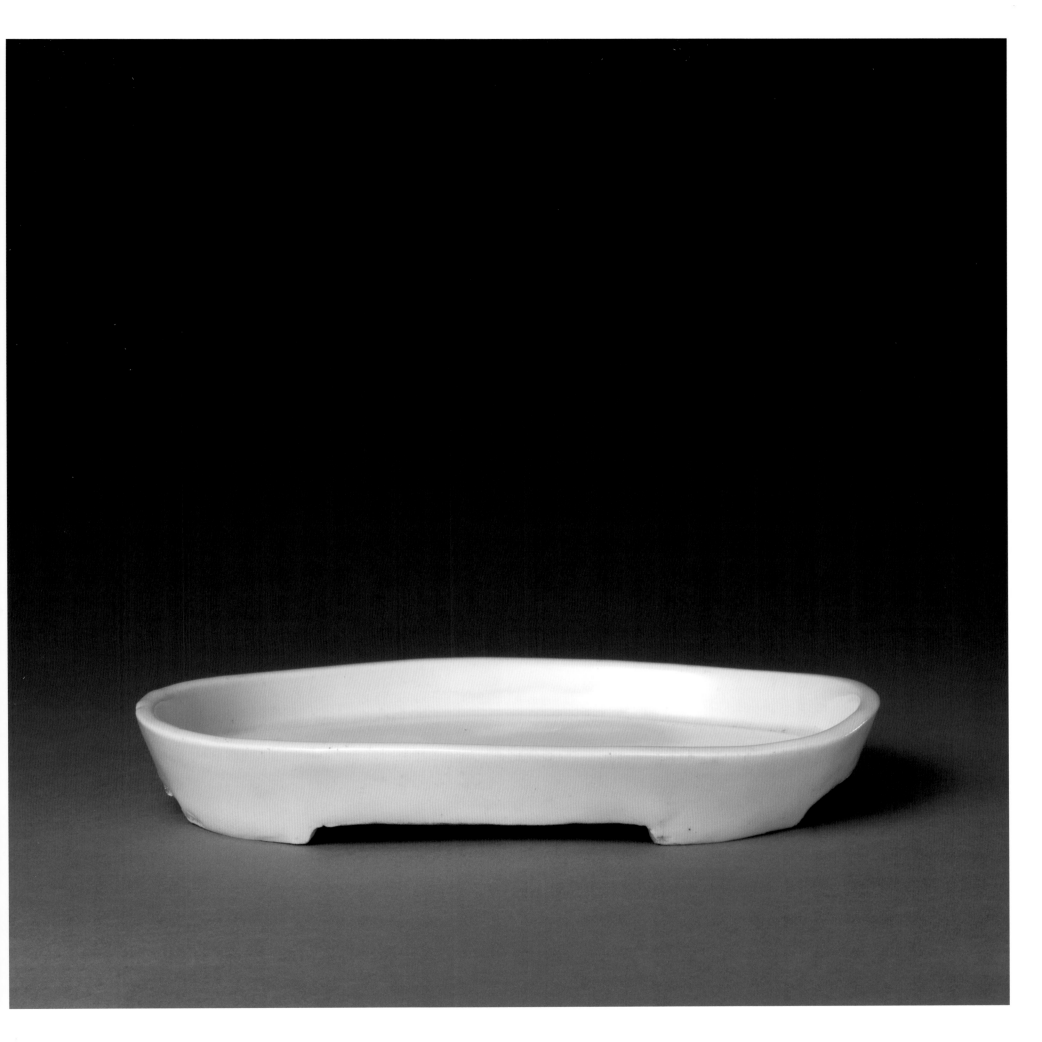

白釉匋字款楸叶式洗

清

高 3 厘米　口径 14.5 厘米 ×11.5 厘米

1956 年入藏

洗楸叶式，花口，曲壁，一侧连叶柄，平底下刻楸叶枝梗为足，底面刻叶脉纹。通体施白釉，釉色白中泛青。里心戳印"匋"字篆书印章款。

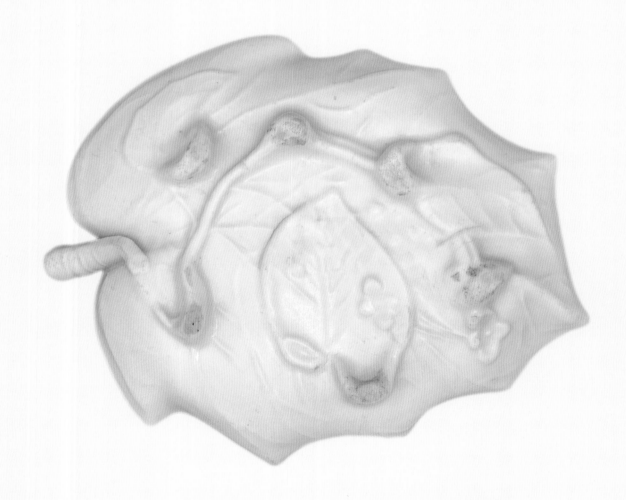

Blanc-de-Chine catalpa-leaf-shaped washer with mark of Tao
Qing Dynasty, Height 3cm mouth size 14.5cm×11.5cm, Collected in 1956

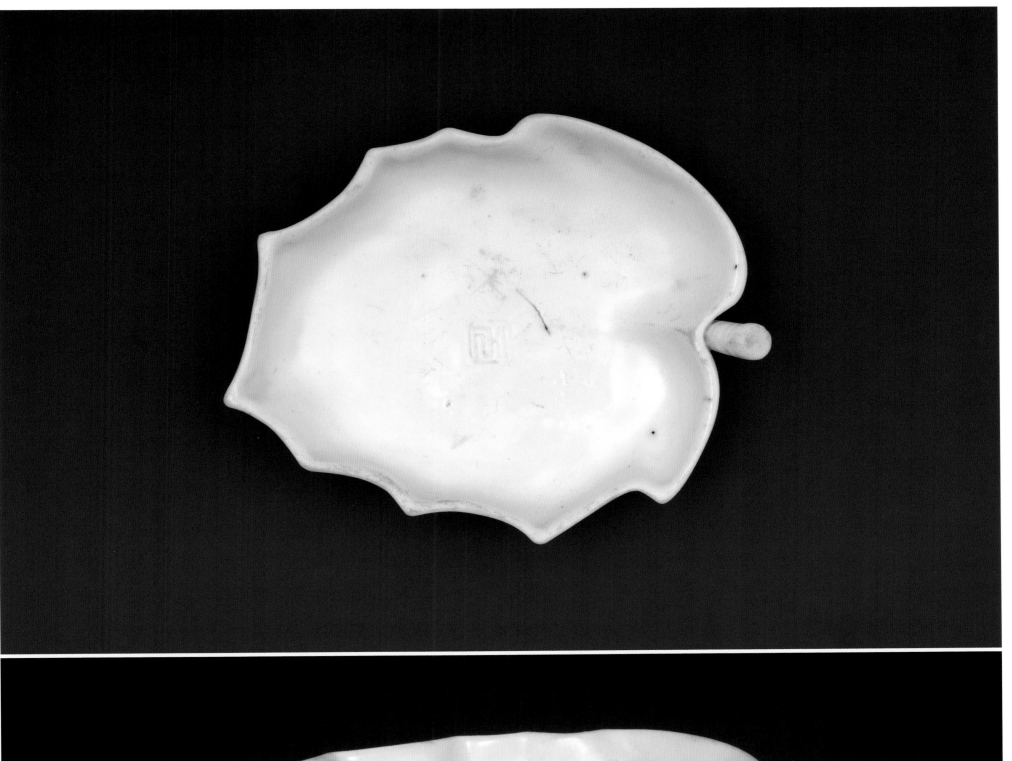

256 白釉海螺式洗

清

高 13.5 厘米　口径 16 厘米 ×10 厘米

1963 年入藏

洗海螺形，口上塑贴三个小海螺，底下贴三个小海螺作为足。里外施白釉，釉泛牙黄色。

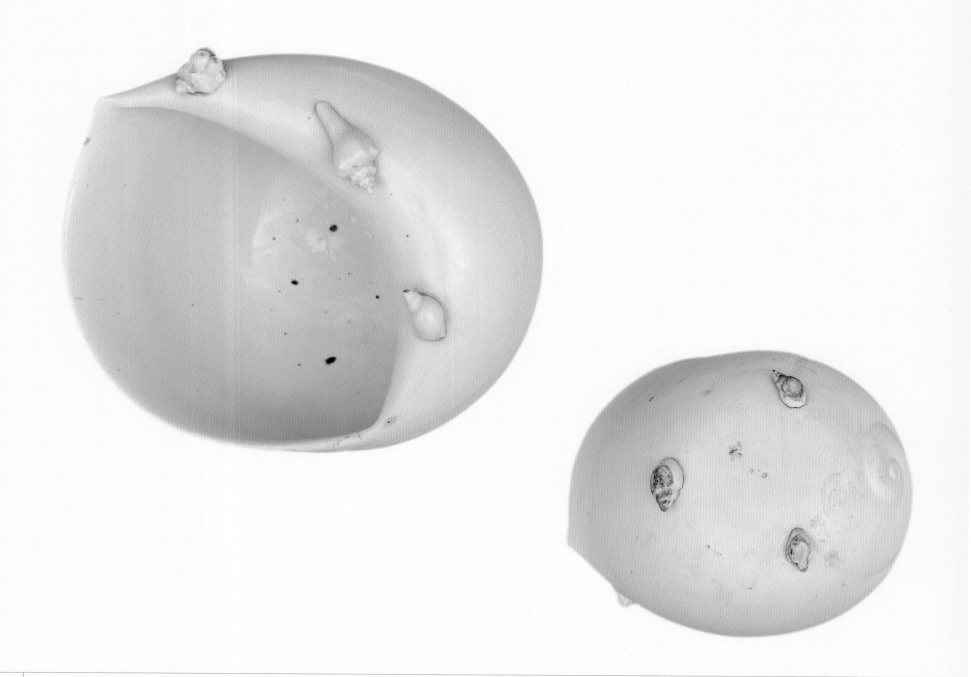

Blanc-de-Chine conch-shaped washer
Qing Dynasty, Height 13.5cm mouth size 16cm×10cm, Collected in 1963

257 **白釉划花花卉纹印泥盒**
清
通高 4.5 厘米　口径 6 厘米　足径 4 厘米
1959 年入藏

盒体扁圆形，子母口，弧腹，圈足。盖弧壁平顶。里外施白釉，底满釉，釉色白中泛青色。盖面釉下细划花卉纹。

Blanc-de-Chine inkpad box with incised floral design
Qing Dynasty, Overall height 4.5cm mouth diameter 6cm foot diameter 4cm, Collected in 1959

258 白釉成化年制款划花花卉纹印泥盒

清
通高 5.6 厘米　口径 9.5 厘米　足径 6.5 厘米
1959 年入藏

盒体扁圆形，身、盖子母口相合，盒身弧腹，圈足，盖拱形平顶。里外施白釉，底满釉，釉色白中泛青。盖顶釉下细划花卉纹。外底中心戳印"成化年制"四字楷书款。

Blanc-de-Chine inkpad box with incised floral design and mark of Chen Hua Nian Zhi
Qing Dynasty, Overall height 5.6cm　mouth diameter 9.5cm　foot diameter 6.5cm, Collected in 1959

259 白釉"知己有琴书"象钮章

清

高 3.6 厘米　长 2.4 厘米　宽 2.4 厘米

清宫旧藏

印章方形，象钮。除底面素胎外，满施白釉。底面刻篆体印文"知己有琴书"五字。

瓷制印章是明清德化窑生产较多的文房用器品种，除广为民间使用外，少量制品或以贡品的形式进入宫廷，成为宫廷印章的来源之一。此器即是罕见的清宫旧藏德化窑白瓷印章，原藏清代皇家宫苑承德避暑山庄或盛京皇宫。除此件已镌刻印文的白瓷章之外，故宫博物院还藏有多件未刻印文的德化窑瓷质章料，因此推断这件印章可能是作为贡品印料进入宫中后再依命镌刻印文的。

Blanc-de-Chine imperial seal of Zhi Ji You Qin shu with elephant-shaped knob
Qing Dynasty, Height 3.6cm length 2.4cm width 2.4cm, Collection of the Imperial Court of Qing Dynasty

260 白釉"端溪渔隐"狮钮章

清

高 6 厘米　长 3.1 厘米　宽 3.1 厘米

1959 年入藏

印章方形，狮钮。除底面素胎外，满施白釉。底面刻篆体印文"端溪渔隐"四字。此章胎质坚致细腻，釉色乳白，镌刻刀工遒劲古拙，印文充满印面。

Blanc-de-Chine seal of Duan Xi Yu Yin with lion-shaped knob
Qing Dynasty, Height 6cm　length 3.1cm　width 3.1cm, Collected in 1959

565

261 | 白釉"石琴松曲"狮钮章

清
高 6.8 厘米　长 4.5 厘米　宽 4.5 厘米
1956 年入藏

印章方形，狮钮。除底面素胎外，满施白釉。底面刻篆体印文"石琴松曲"四字。

此章为清代德化窑生产的文人闲章。闲章是中国古今印章文化的一个重要组成部分，一般指区别于镌刻职官、人名等官私印之外的一类印章。它起源于秦汉时期的吉语祝辞印，宋元时期开始流行，明清至今大盛，成为集篆刻书法于一身并与中国书法绘画艺术密不可分的一种艺术形式。闲章镌刻的文字内容十分广泛，大致包括有诗句、吉语、格言、警句、述志、记事等。此章胎质细腻，釉色乳白，所刻印文刀工洗练，文字内容清雅脱俗。

Blanc-de-Chine seal of Shi Qin Song Qu with lion-shaped knob
Qing Dynasty, Height 6.8cm　length 4.5cm　width 4.5cm, Collected in 1956

262 | 白釉 "石蕴玉而山辉" 狮钮章

清

高 5.7 厘米　长 4.1 厘米　宽 4.1 厘米

1957 年入藏

印章方形，狮钮。除底面素胎外，满施白釉。底面刻篆体印文 "石蕴玉而山辉" 六字。

此章印文 "石蕴玉而山辉" 摘自晋代陆机《文赋》中的名句 "石蕴玉而山辉，水怀珠而川媚"，意指文章能够写得奇绝就像山中藏玉而使山岭生辉，又像水中含珠而令河川秀美。

Blanc-de-Chine seal of Shi Yun Yu Er Shan Hui with lion-shaped knob
Qing Dynasty, Height 5.7cm　length 4.1cm　width 4.1cm, Collected in 1957

567

263 | 白釉 "以德静为乐" 狮钮章

清

高 6.7 厘米　长 4 厘米　宽 4 厘米

1956 年入藏

印章方形，狮钮。除底面素胎外，满施白釉。底面刻篆体印文 "以德静为乐" 五字。

此章印文 "以德静为乐" 应源自庄子《刻意》篇中："故心不忧乐，德之至也；一而不变，静之至也。"指人做到内心无忧无乐，是德行的最高境界；一以贯之则是清静无为的最高境界。

Blanc-de-Chine seal of Yi De Jing Wei Le with lion-shaped knob
Qing Dynasty, Height 6.7cm　length 4cm　width 4cm, Collected in 1956

264 白釉"读古人书"狮钮章

清

高 5.4 厘米 长 3.2 厘米 宽 3.2 厘米

1956 年入藏

印章方形，狮钮。除底面素胎外，满施白釉。底面刻篆体印文"读古人书"四字。此章胎质细腻坚致，釉质莹润，釉色乳白，印文镌刻刀工遒劲。

Blanc-de-Chine seal of Du Gu Ren Shu with lion-shaped knob
Qing Dynasty, Height 5.4cm length 3.2cm width 3.2cm, Collected in 1956

265 | 白釉 "吾怀澹" 螭钮章

清

高 4.9 厘米　长 6 厘米　宽 2.6 厘米

1957 年入藏

印章椭圆形，螭钮。除底面素胎外，满施白釉。底面竖刻篆体印文 "吾怀澹" 三字。
此章所刻 "吾怀澹" 三字印文指个人心胸宁静开阔。

Blanc-de-Chine seal of Wu Huai Dan with Chi-shaped knob
Qing Dynasty, Height 4.9cm　length 6cm　width 2.6cm, Collected in 1957

白釉宣德年制款仙人钮章料

清
高 2.9 厘米　长 1.9 厘米　宽 1.8 厘米
清宫旧藏

章料方形，坐仙人钮，仙人面露笑容，双手叠放于右膝之上，衣着、神态刻画生动。胎质细腻。除章面外满施白釉，釉面温润。章前面阴刻"宣德年制"四字横款。

此器原为清代皇家宫苑承德避暑山庄或盛京皇宫所藏宫廷印章用料。故宫博物院现存清宫旧藏瓷质章料除德化窑白瓷、五彩瓷外，还见有青花、仿官釉瓷等品种。

Blanc-de-Chine raw seal with immortal-shaped knob and mark of Xian De Nian Zhi
Qing Dynasty, Height 2.9cm length 1.9cm width 1.8cm, Collection of the Imperial Court of Qing Dynasty

571

267 | 白釉兽钮章料

清

高 4.8 厘米　长 2.6 厘米　宽 2.6 厘米

清宫旧藏

章料方形，兽钮。胎质细腻。除章面外满施白釉，釉色洁白。

此器原为清代皇家宫苑承德避暑山庄或盛京皇宫所藏宫廷印章用料。

Blanc-de-Chine raw seal with animal-shaped knob
Qing Dynasty, Height 4.8cm　length 2.6cm　width 2.6cm, Collection of the Imperial Court of Qing Dynasty

268 | 白釉羊钮章料

清

高 4.1 厘米　长 2.2 厘米　宽 2.2 厘米

清宫旧藏

章料方形，山羊钮，山羊呈蹲坐状，头扭向一侧，嘴部微张，形象生动可爱。除章面外满施白釉，釉色白中略泛黄色。

此器原为清代皇家宫苑承德避暑山庄或盛京皇宫所藏宫廷印章用料。

Blanc-de-Chine raw seal with goat-shaped knob
Qing Dynasty, Height 4.1cm length 2.2cm width 2.2cm, Collection of the Imperial Court of Qing Dynasty

269 | **白釉加彩塑贴龙虎鹿纹犀角式杯**
清
高 6 厘米　口径 10.5 厘米 ×7.7 厘米　足径 4 厘米
1958 年入藏

杯体椭圆形，口沿曲折，两角突出，深腹，圈足。里外施白釉，底无釉。釉色乳白，塑贴纹饰上加覆绿彩、黄彩及褐彩。外壁两面分别塑贴上龙下鹿及蹲伏的猛虎，周边衬以松树梅花，其中鹿纹旁刻一"来"字。

龙虎杯是明清德化窑的代表性产品之一，以纯白釉制品为主。此杯于塑贴纹饰上加覆绿、黄、褐等釉上彩料，色调浓艳。

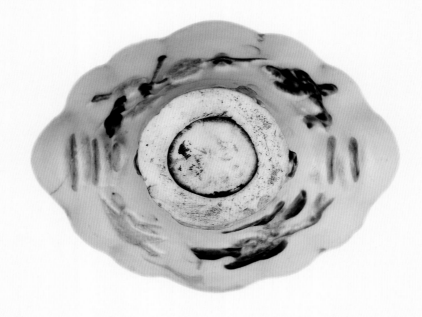

Blanc-de-Chine rhinoceros-horn-shaped cup with appliqué of dragon, tiger and deer decorated with colors
Qing Dynasty, Height 6cm　mouth size 10.5cm×7.7cm　foot diameter 4cm, Collected in 1958

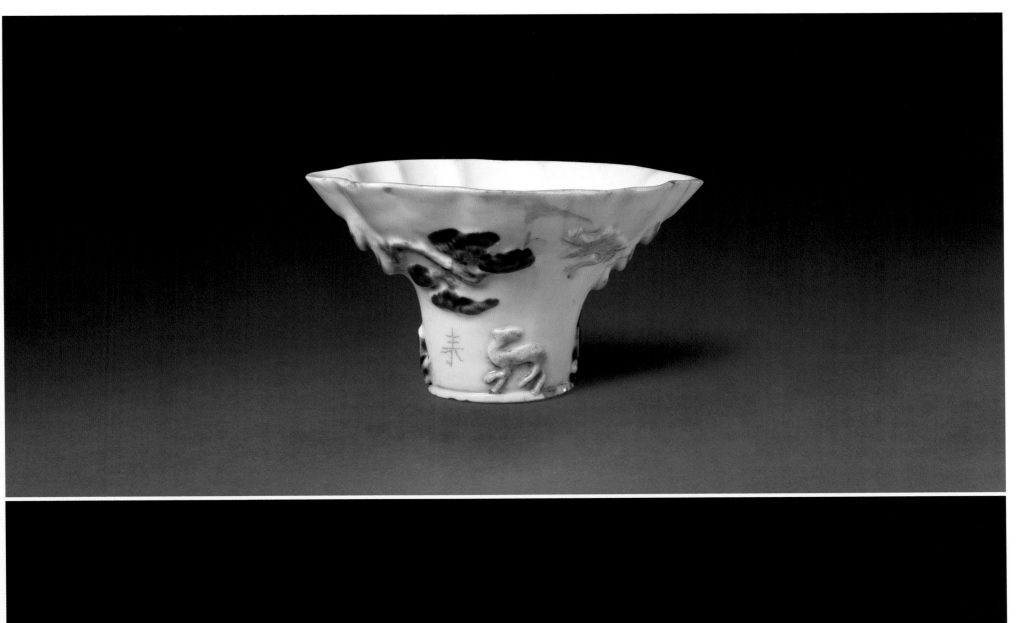

270 | 白釉加彩塑贴花树双鹿纹犀角式杯

清

高 9.4 厘米　口径 14.8 厘米 ×10.6 厘米　足径 6 厘米 ×5.5 厘米

1984 年入藏

杯身椭圆形，口沿曲折，两角突出，深腹，平底。里外施白釉，底无釉。釉色乳白，塑贴纹饰上加覆绿彩、黄彩及褐彩。外壁两面塑贴装饰，一面塑绿草凉亭和玉兰花盛开的庭园小景；一面饰苍松及绿草间徜徉的一双梅花鹿。

Blanc-de-Chine rhinoceros-horn-shaped cup with appliqué of flowers, trees and two deer decorated with colors
Qing Dynasty, Height 9.4cm　mouth size 14.8cm×10.6cm　foot size 6cm×5.5cm, Collected in 1984

271 │ 青白釉印花双鱼纹盘

元

高 2.8 厘米　口径 12.2 厘米　足径 3.5 厘米

1957 年入藏

盘敞口，折沿，浅弧壁，实心圈足。胎灰白色，胎体厚而坚致。里外施釉，底足无釉，底面可见旋痕。釉层较厚，釉色偏白。里印花装饰，里心印双鱼纹，因釉层厚，印纹浅，纹饰显得十分模糊，里壁印莲瓣纹。

宋元时期的德化窑以生产主要作为外销贸易瓷的白瓷或青白瓷产品为主，并具有自身的窑口特色。经考古发掘的德化窑元代窑场主要是屈斗宫窑，其产品器类有瓶、罐、盘、碗、碟、壶、高足杯、军持、粉盒等，生产品种主要为白瓷，或釉色偏白的青白瓷。此盘胎体厚重，釉色青中偏白，里印花双鱼及长莲瓣纹装饰等均有元代德化窑产品的时代风格。

Bluish white glaze plate with stamped design of pair fish
Yuan Dynasty, Height 2.8cm　mouth diameter 12.2cm　foot diameter 3.5cm, Collected in 1957

272 | 酱釉双耳炉

清

高 4 厘米　口径 5 厘米　足径 4 厘米

1963 年入藏

炉敞口，粗颈，垂腹，圈足。颈部饰对称双耳。里施白釉，里口及外壁施酱釉，釉面流淌，底无釉。

Dark reddish brown glaze burner with two handles
Qing Dynasty, Height 4cm mouth diameter 5cm foot diameter 4cm, Collected in 1963

| **青花折枝花卉纹罐**

清

通高 12 厘米　口径 4 厘米　底径 5 厘米

1957 年入藏

罐直口，溜肩，弧腹渐敛，平底。盖直壁，弧顶。口下肩部、盖壁下沿及外底露胎，胎色泛黄，胎质较粗。盖面、罐腹外壁白釉青花装饰，青花色调蓝中泛灰。盖面饰朵花纹，外腹饰折枝花卉纹。

Blue and white jar with design of disconnected sprays of flowers
Qing Dynasty, Overall height 12cm　mouth diameter 4cm　bottom diameter 5cm, Collected in 1957

274 | 青花山水人物图炉

清

高 6.8 厘米　口径 14 厘米　足径 7.2 厘米

1983 年入藏

炉撇口，束颈，扁鼓腹，圈足。胎色泛黄，胎质较为细腻。里施白釉，底无釉，釉色泛青。外壁饰青花山水人物图。

此炉造型规整，纹饰绘画洒脱随意，人物面目不清，施彩大片涂抹，青花色调灰蓝淡雅。

Blue and white burner with design of scenery and figure
Qing Dynasty, Height 6.8cm mouth diameter 14cm foot diameter 7.2cm, Collected in 1983

275 | **青花山水人物图三足炉**
清
高 6.5 厘米　口径 10.5 厘米
1963 年入藏

炉敞口，阔颈，鼓腹，平底假圈足，腹下承三蹄足。胎质坚致。里施白釉，底无釉，釉色洁白。外壁饰青花山水人物图，山石溪水间一雅士坐于溪边仰头凝望。青花色泽灰蓝，施彩浓淡相间。

Blue and white burner with three legs and design of scenery and figure
Qing Dynasty, Height 6.5cm mouth diameter 10.5cm, Collected in 1963

| 青花开光人物纹三足炉
清
高 12 厘米　口径 31.3 厘米
1963 年入藏

炉敞口，折沿，短颈，弧腹，平底假圈足，腹下承三蹄足。胎质坚致。里施白釉，底无釉，外壁青花装饰，青花色调蓝中泛灰。颈饰席纹，腹壁分饰三组开光人物图，图中分别描绘了在山石兀立、兰草幽香、苍松流云、曲栏花门组成的庭院中，一书生坐靠书卷侧耳倾听，一书生漫步于园中，后有执扇书童紧随，开光间绘三层篆体寿字纹。

Blue and white burner with three legs and design of scenery and figures in reserved panels
Qing Dynasty, Height 12cm　mouth diameter 31.3cm, Collected in 1963

277 | 青花缠枝菊纹三足炉

清
高 11.5 厘米　口径 27.3 厘米
1963 年入藏

炉敞口，折沿，短颈，弧腹，平底假圈足，腹下承三蹄足。胎色较浅，胎质细腻坚致。里施白釉，底无釉，釉色泛青。外壁青花留白装饰，青花呈色灰蓝，色调淡雅。颈饰变形莲瓣纹，腹饰缠枝菊纹。

Blue and white burner with three legs and design of interlocking chrysanthemums
Qing Dynasty, Height 11.5cm mouth diameter 27.3cm, Collected in 1963

青花镂雕花卉纹灯

清

通高 19.6 厘米　口径 12.5 厘米　足径 8.5 厘米

1963 年入藏

灯分体式，灯身盘形，子母口，直壁，圈足，里心出一中空立柱上承灯碗，立柱根部开一孔，以穿灯捻。灯盖直壁，拱形顶提钮，盖面有对称镂空，一为桃形，一为双钱形，外壁上部有篱笆式镂空。里施白釉，釉色白中泛青。外壁青花装饰，青花色调淡雅。盖面饰卷枝纹，外壁上沿饰旋涡纹，镂空下部分饰变形莲瓣纹及卷枝朵花纹，灯座外壁饰变形波浪纹。

此灯在故宫博物院分类文物账中生产窑口被暂定为德化窑，但有学者认为此器造型、纹饰风格和青花发色与典型德化窑产品有别，其生产窑口有待进一步深入研究。

Blue and white lamp with openwork design
Qing Dynasty, Overall height 19.6cm mouth diameter 12.5cm foot diameter 8.5cm, Collected in 1963

279 青花合兴款人物纹盘
清
高 4 厘米　口径 20.5 厘米　足径 11 厘米
1965 年入藏

盘撇口，圆唇，弧壁，圈足。里外以青花装饰，青花色调蓝中泛灰，晕散明显。里心描绘一携琴书童站于洞石栏杆、兰草围墙的庭园内，外壁饰四组壬字花草纹。外底有青花双圈楷书"合兴"二字堂名款。

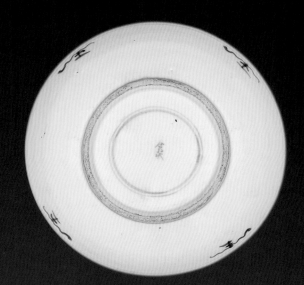

Blue and white plate with figure design and mark of He Xing
Qing Dynasty, Height 4cm　mouth diameter 20.5cm　foot diameter 11cm, Collected in 1965

280 **青花人物纹盘**

清

高 4 厘米　口径 19.8 厘米　足径 11 厘米

1958 年入藏

盘敞口，弧壁，圈足。里外以青花装饰，青花色调灰暗，施彩晕散明显。里心绘一雅士坐于庭园中，周边绘有洞石花草、围墙栏杆；外壁饰四组壬字花草纹。外底有青花双圈花押款。

Blue and white plate with figure design
Qing Dynasty, Height 4cm　mouth diameter 19.8cm　foot diameter 11cm, Collected in 1958

青花晨读人物图盘

清

高 4.5 厘米　口径 20 厘米　足径 10.8 厘米

1965 年入藏

盘撇口，弧壁，圈足。里外以青花装饰，青花色调蓝中泛灰，施彩晕散明显，纹中有蚯蚓走泥纹。里心饰晨读人物图，图中绘一身穿圆领长袍，头戴两脚幞头帽的青年书生，盘膝坐于四足香桌前，膝边书卷厚叠，桌上炉内香烟缭绕，旁边题铭"晨兴半炷名香"，周边绘有山石花草，围墙栏杆，上有红日当空。外壁饰四组壬字花草纹。外底有青花双圈花押款。

Blue and white plate with design of reading in the morning
Qing Dynasty, Height 4.5cm　mouth diameter 20cm　foot diameter 10.8cm, Collected in 1965

282　青花沣裕款花鸟纹盘

清

高 3.5 厘米　口径 20.8 厘米　足径 11 厘米

1955 年入藏

盘撇口，圆唇，弧壁，圈足。里外青花装饰，青花色调灰蓝，施彩大片涂抹。里心绘两只侧头相望的雀鸟立于洞石之上，周边配以幽香的花草，翠竹随风摇曳，荷莲盛开；外壁饰壬字花草纹四组。外底有青花双圈楷书"沣裕"堂名款。

Blue and white plate with design of flower and bird and mark of Feng Yu
Qing Dynasty, Height 3.5cm　mouth diameter 20.8cm　foot diameter 11cm, Collected in 1955

283 青花盖玉款花鸟纹盘

清

高 3.5 厘米　口径 15.8 厘米　足径 8.5 厘米

1965 年入藏

盘撇口，圆唇，弧壁，圈足。里外青花装饰，青花色调灰蓝，施彩大片涂抹。里心绘一雀鸟立于盛开的花丛之上，外壁饰三组壬字花草纹。外底青花双圈内有楷书"盖玉"二字方章堂名款。

Blue and white plate with design of flower and bird and mark of Gai Yu
Qing Dynasty, Height 3.5cm mouth diameter 15.8cm foot diameter 8.5cm, Collected in 1965

青花宛玉款花卉诗句纹盘

清

高 3.3 厘米　口径 18.2 厘米　足径 10 厘米

1958 年入藏

盘撇口，弧壁，圈足。里外青花装饰。里心书七言绝句："兰陵美酒郁金香，玉碗盛来琥珀光，但使主人能醉客，不知何处是他乡。"外壁饰壬字花卉纹四组。外底青花双圈内有楷书"宛玉"二字堂名款。

此诗为唐朝诗人李白客居东鲁兰陵时所作《客中行》，诗中表达了美酒的甘醇，主人的热情和诗人客居他乡的愁思。

Blue and white plate with poetry design and mark of Wan Yu
Qing Dynasty, Height 3.3cm mouth diameter 18.2cm foot diameter 10cm, Collected in 1958

285 青花胜合款折枝花果纹盘

清
高 4 厘米　口径 19.5 厘米　足径 10.5 厘米
1964 年入藏

盘撇口，弧壁，圈足。里外青花装饰，青花呈灰蓝色，纹饰施彩大片涂抹，彩料聚集处有黑斑点。里心、里壁分饰一组和三组折枝花果纹，外壁饰花草纹四组。外底有青花双圈篆书"胜合"方章堂名款。

Blue and white plate with design of disconnected sprays of flowers and fruits and mark of Sheng He
Qing Dynasty, Height 4cm mouth diameter 19.5cm foot diameter 10.5cm, Collected in 1964

青花折枝花果纹盘

清

高 4 厘米　口径 19.5 厘米　足径 10.5 厘米

1957 年入藏

盘敞口微侈，弧壁，圈足。里外青花装饰，青花色泽灰蓝，色调深黯，纹饰施彩大块涂抹。里心饰折枝花果纹，里壁饰折枝荷莲纹四组，外壁饰蔓草纹四组。外底有青花双圈花押款。

Blue and white plate with design of disconnected sprays of flowers and fruits
Qing Dynasty, Height 4cm mouth diameter 19.5cm foot diameter 10.5cm, Collected in 1957

青花云龙纹茶盘

清

高 3 厘米　口径 25 厘米　足径 22.5 厘米

1963 年入藏

茶盘圆唇外折，直壁，平底。胎质较细，胎色深暗。里外施白釉，底无釉。里心以青花饰壬字及云龙纹。

此茶盘使用痕迹明显。

Blue and white tea plate with design of dragon and cloud
Qing Dynasty, Height 3cm mouth diameter 25cm foot diameter 22.5cm, Collected in 1963

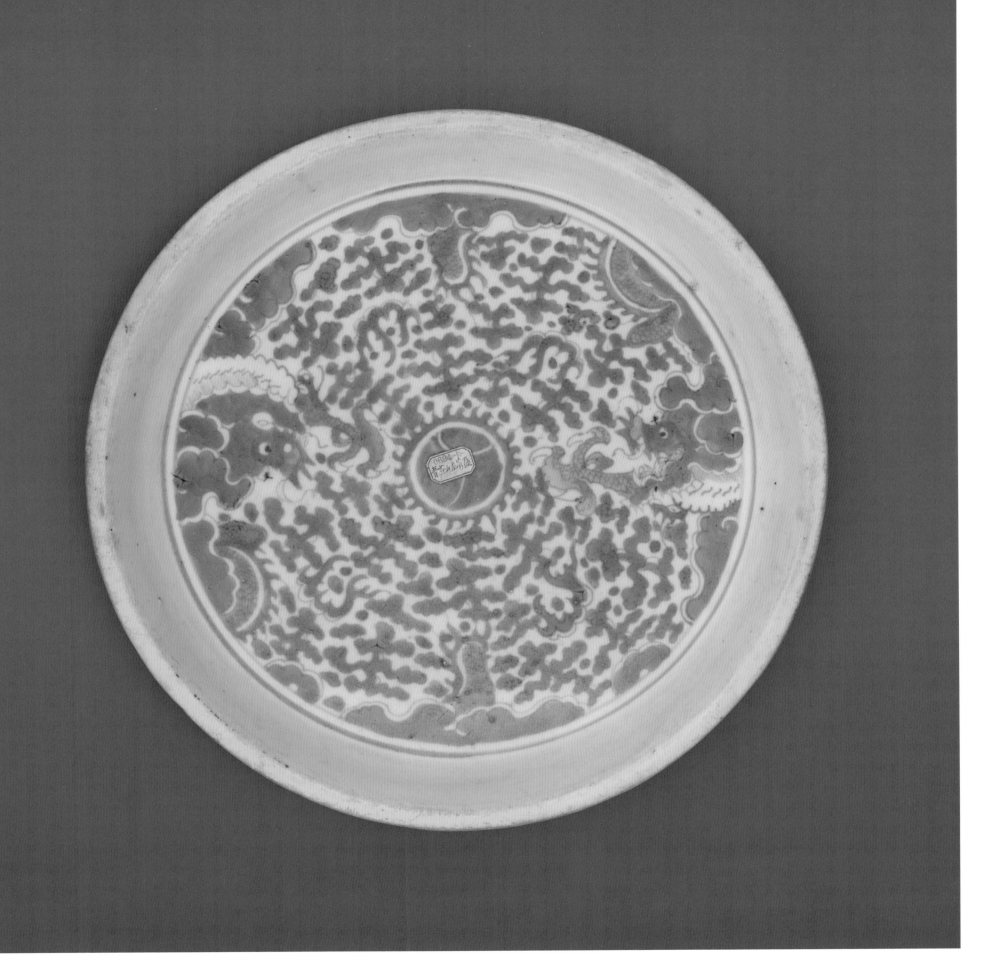

288 青花梅花纹鞋式水丞

清

高 3.8 厘米　长 9.4 厘米　宽 4 厘米　口径 5.5 厘米 ×3.4 厘米

1964 年入藏

水丞长方鞋形，鞋头微鼓，出两道凸棱，鞋帮圆润，鞋底较高，前缘倾斜，平底。鞋跟后塑贴两中空圆柱可用以插笔。里施白釉，外壁以青花装饰，鞋帮两面分饰连续几何纹样，鞋头凸棱涂饰弦纹，棱间饰梅花纹。

Blue and white shoe-shaped water container with design of plum flower
Qing Dynasty, Height 3.8cm　length 9.4cm　width 4cm　mouth size 5.5cm×3.4cm, Collected in 1964

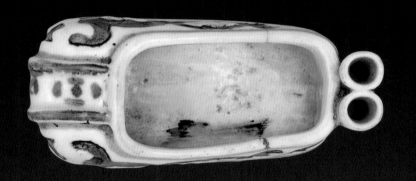
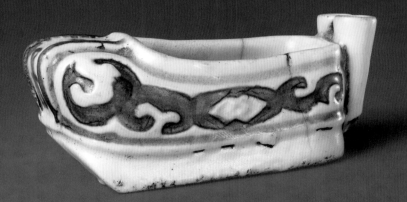

五彩弥勒像

清

高 12.5 厘米　宽 15.5 厘米

1954 年以前入藏

弥勒坐姿，身靠石几，光头跣足，大耳垂肩，慈眉善目，笑口大开。身披网格纹袈裟，袒胸露腹，右手持吉祥物，左手残损，屈膝盘腿迦趺状坐于蒲团之上。身中空，胎体较薄。通体施白釉，釉色米白，釉面密布开片纹，里壁粘有釉斑。袈裟网格内分别涂施红、绿、黑、米黄色等釉上五彩装饰。

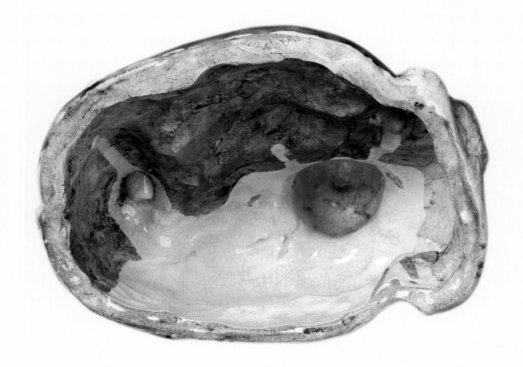

Famille verte Maitreya Buddha
Qing Dynasty, Height 12.5cm width15.5cm, Collected before 1954

290 五彩人物图瓶

清雍正

高 17.2 厘米　口径 6.5 厘米　足径 6.8 厘米

1958 年入藏

　　瓶撇口，长颈，腹上鼓下敛，圈足外撇。外壁五彩装饰，色彩浓艳，底施白釉。颈部饰玉磬结带纹，腹壁一面绘一渔翁溪边垂钓，另一面绘一樵夫担柴归来，周围衬以山石、松竹、花草。

Famille verte vase with figure design
Yongzheng Period, Qing Dynasty, Height 17.2cm mouth diameter 6.5cm foot diameter 6.8cm, Collected in 1958

291 | 五彩人物图瓶

清

高 17.8 厘米　口径 8 厘米　足径 6.9 厘米

1964 年入藏

瓶撇口，长颈，腹上鼓下敛，圈足外撇。外壁通体施白釉，底亦施白釉。五彩装饰，施彩大片涂抹，色彩清丽淡雅。绘一轮红日之下，一身穿官服、头戴官帽的书生站立于围栏梅树、蝴蝶飞舞的庭院之中，寓日日高升之意。

Famille verte vase with figure design
Qing Dynasty, Height 17.8cm mouth diameter 8cm foot diameter 6.9cm, Collected in 1964

292 | 五彩庭园侍女图瓶

清

高 18 厘米　口径 8.1 厘米　足径 7.5 厘米

1958 年入藏

瓶撇口，长颈，腹上鼓下敛，圈足外撇。胎质较粗。通体施白釉，底无釉。外壁五彩装饰，色泽艳丽，色调浓重。绘庭园侍女图景，画中侍女肩挑花篮，周围衬以山石、芭蕉、花草。

Famille verte vase with design of beauties in garden
Qing Dynasty, Height 18cm mouth diameter 8.1cm foot diameter 7.5cm, Collected in 1958

293 五彩折枝花卉纹盘

清

高 3.8 厘米　口径 15.7 厘米　足径 8.5 厘米

1958 年入藏

盘撇口，斜壁，下腹内折，圈足。通体施白釉，底满釉。里五彩装饰，里心绘折枝花卉纹，里壁饰红彩莲花，绿彩荷叶。

Famille verte plate with design of disconnected sprays of flowers
Qing Dynasty, Height 3.8cm mouth diameter 15.7cm foot diameter 8.5cm, Collected in 1958

五彩云龙纹茶盘

清

高 3.4 厘米　口径 25.3 厘米　底径 23.3 厘米

1958 年入藏

盘撇口，方唇，直壁，平底。里外施白釉，底无釉。里心五彩装饰，色彩明艳，浓淡有致。里壁饰飘带云纹，底边饰回纹，里心饰一红彩行龙翻腾于云彩之间，配以绿彩山石。

Famille verte tea plate with design of dragon and cloud
Qing Dynasty, Height 3.4cm　mouth diameter 25.3cm　bottom diameter 23.3cm, Collected in 1958

295 | 五彩凤穿牡丹纹茶盘

清

高 3 厘米　口径 25 厘米　底径 23.5 厘米

1968 年入藏

盘撇口，圆唇，直壁，平底。里外施白釉，底无釉。里五彩装饰，色彩明丽鲜艳。里壁饰玉磬结带纹四组，里心绘凤穿牡丹纹，图中双凤飞舞，山石嶙峋，牡丹盛开。

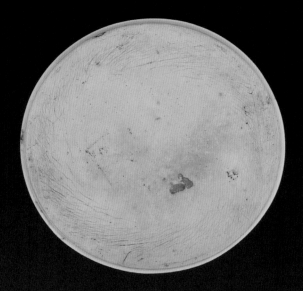

Famille verte tea plate with design of phoenixes among peonies
Qing Dynasty, Height 3cm　mouth diameter 25cm　bottom diameter 23.5cm, Collected in 1968

296 五彩花鸟纹茶盘

清

高 3.3 厘米　口径 25 厘米　底径 23.2 厘米

1958 年入藏

盘撇口，圆唇，直壁，平底。胎色泛黄。里外施白釉，底无釉。里五彩装饰，彩色雅致明艳，彩料微凸于釉面。里壁饰锦地开光，开光内绘博古纹，里心绘花鸟纹。

此盘造型规整，彩的色调与传统清代德化窑五彩相比略有差异，有研究者认为此器为后加彩。

Famille verte tea plate with design of flower and bird

Qing Dynasty, Height 3.3cm　mouth diameter 25cm　bottom diameter 23.2cm, Collected in 1958

297 | **五彩牡丹纹茶盘**
清
高 3.5 厘米　口径 25.3 厘米　底径 23 厘米
1987 年入藏

盘敞口，圆唇，直壁，平底。外壁施白釉，底无釉。里心五彩装饰，色彩淡雅明丽。里心饰洞石牡丹纹，外周饰锦地开光，开光内绘花卉纹。

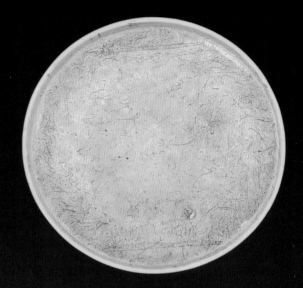

Famille verte tea plate with design of peony
Qing Dynasty, Height 3.5cm mouth diameter 25.3cm bottom diameter 23cm, Collected in 1987

五彩菱格纹兽钮章料

清

高 4.7 厘米　长 2.6 厘米　宽 2.6 厘米

清宫旧藏

章料方形，钮为一蹲坐兽，兽首侧扭，憨态可掬。胎质细腻。除章面外均施白釉，以五彩装饰。四壁以釉上红彩饰菱格花纹，兽钮尾施绿彩，并以黑彩点睛。

此器原为清代皇家宫苑承德避暑山庄或盛京皇宫所藏宫廷印章用料。

Famille verte raw seal with animal-shaped knob
Qing Dynasty, Height 4.7cm length 2.6cm width 2.6cm, Collection of the Imperial Court of Qing Dynasty

299 素三彩博古图茶盘

清

高 3 厘米　口径 25 厘米　底径 13.3 厘米

1958 年入藏

盘敞口，方唇，直壁，平底。胎质较粗。里外施白釉，底无釉。里白釉素三彩装饰，里心绘博古图，里壁饰锦纹边饰。

Tea plate with enamels on the biscuit and design of antiques

Qing Dynasty, Height 3cm mouth diameter 25cm bottom diameter 13.3cm, Collected in 1958

300 | 粉彩花果纹铺首耳瓶

清

高 34 厘米　口径 8.5 厘米　足径 9 厘米

1983 年入藏

瓶直口，短颈，溜肩，筒形长腹，圈足。腹中上部两面塑贴铺首式耳，铺首处浅刻弦纹两道。通体施白釉，足内也施白釉。外壁粉彩装饰，上绘石榴、佛手、瓜果纹，下绘四季花卉纹。

此瓶形体修长俊秀，纹饰构图简洁明快，色彩艳丽，施彩准确，堪称德化窑彩瓷中的精美之作。

Famille rose vase with two handles and design of flowers and fruits
Qing Dynasty, Height 34cm　mouth diameter 8.5cm　foot diameter 9cm, Collected in 1983

粉彩进宝图茶盘

清

高 3 厘米　口径 25.7 厘米　底径 23.3 厘米

1961 年入藏

盘敞口，方唇，直壁，平底。胎质细腻。里外施白釉，底无釉。以粉彩为饰，里心绘进宝图，里口及壁底饰如意云头和锯齿纹边饰，外壁光素无纹。

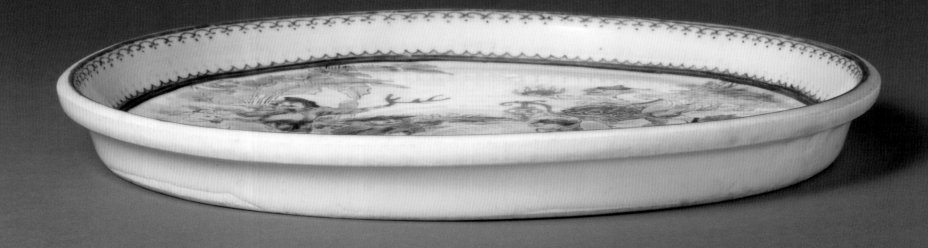

Famille rose tea plate with design of presenting treasures

Qing Dynasty, Height 3cm mouth diameter 25.7cm bottom diameter 23.3cm, Collected in 1961

302 | 粉彩镂雕松竹梅纹笔筒

清

高 9.5 厘米　口径 6 厘米　底径 5.7 厘米

1956 年入藏

笔筒圆筒形，口足相若，平底。里施松石绿釉，底无釉。壁镂空雕松竹梅纹，外壁以红、绿、黄、蓝、褐等彩料装饰，色彩艳丽明快。

Famille rose brush holder with design of pine, bamboo and plum in openwork
Qing Dynasty, Height 9.5cm　mouth diameter 6cm　bottom diameter 5.7cm, Collected in 1956

303 粉彩镂雕松竹梅纹笔筒

清

高 11.3 厘米　口径 8.5 厘米　底径 8.3 厘米

1960 年入藏

笔筒圆筒形，口足相若，平底。里施松石绿釉，底无釉。壁镂空雕松竹梅纹，外壁以红、绿、黄、蓝、褐等彩料装饰，色彩艳丽明快。

Famille rose brush holder with design of pine, bamboo and plum in openwork
Qing Dynasty, Height 11.3cm mouth diameter 8.5cm bottom diameter 8.3cm, Collected in 1960

图书在版编目（CIP）数据

故宫博物院藏德化窑瓷器 / 故宫博物院编. -- 北京：故宫出版社，2016.10（2020.5重印）

ISBN 978-7-5134-0910-0

Ⅰ．①故… Ⅱ．①故… Ⅲ．①瓷器(考古)－鉴赏－德化县－图集 Ⅳ．①K876.32

中国版本图书馆CIP数据核字(2016)第223191号

故宫博物院藏德化窑瓷器

故宫博物院　编
出 版 人：王亚民
主　　编：黄卫文
编　　委：胡国强　冯贺军　赵聪月　王全利　方　斌　唐雪梅　田　军
翻　　译：郑弘毅　薛秀康
摄　　影：赵　山　金悦平
责任编辑：万　钧
装帧设计：李　猛
责任印制：马静波　常晓辉
出版发行：故宫出版社
　　　　　地址：北京市东城区景山前街4号　邮编：100009
　　　　　电话：010－85007808　010－85007816　传真：010－65129479
　　　　　网址：www.culturefc.cn　邮箱：ggcb@culturefc.cn
印　　刷：北京雅昌艺术印刷有限公司
开　　本：889毫米×1194毫米　1/12
印　　张：40.75
印　　数：4,001-5,500册
版　　次：2016年10月第1版
　　　　　2020年5月第2次印刷
书　　号：ISBN 978-7-5134-0910-0
定　　价：960.00元（全二册）